高职院校大学生职业生涯与发展规划

主　编　朱玉华

副主编　王学滨　周　宁

编　委　胡　雪　闫　卓　孙海亮　韩丽丽

胡鑫晔　张　健　褚　夏　胡　哲

李　杨　张　然　孔维敏　师占斌

现代教育出版社
Modern Education Press

图书在版编目(CIP)数据

高职院校大学生职业生涯与发展规划/朱玉华主编.
—北京:现代教育出版社,2018.9

ISBN 978-7-5106-6614-8

Ⅰ.①高… Ⅱ.①朱… Ⅲ.①大学生—职业选择—高
等职业教育—教材 Ⅳ.①G647.38

中国版本图书馆CIP数据核字(2018)第213292号

高职院校大学生职业生涯与发展规划

朱玉华/主编

责任编辑	魏 星 魏艳平
封面设计	王玉峰
出版发行	现代教育出版社
地　　址	北京市朝阳区安华里504号E座
邮　　编	100011
网　　址	http://www.chinamep.com.cn
电　　话	010-64251036(编辑部)
	010-64256130(发行部)
印　　刷	廊坊市海翔印刷有限公司
开　　本	787mm×1092mm 1/16
印　　张	12.25
字　　数	310千字
版　　次	2019年1月第1版
印　　次	2019年1月第1次印刷
书　　号	ISBN 978-7-5106-6614-8
定　　价	36.80元

前 言

职业生涯规划（career planning）在20世纪起源于美国，最早以“职业指导”的形式出现，70年代生涯规划教育在美国得到推广和实施，之后在英国、加拿大等发达国家得到广泛传播，90年代中期由欧美国家传入中国。

我国引进职业生涯规划理论后，相关理论研究和实践取得了很大的进展，特别是近些年随着大学生就业压力的不断增大，社会各界对大学生职业规划越来越关注。教育部办公厅于2007年12月28日专门印发《大学生职业发展与就业指导课程教学要求》，鼓励就大学生职业生涯规划能力的培养进行探索创新，职业生涯规划类教材如雨后春笋般的出现。笔者在当当网上以“大学生职业生涯规划”为关键词进行搜索，显示有1099种书籍，以就业指导、生涯规划等命名的教材更是远远多于这个数字。这些教材的出版，为大学生了解生涯规划的意义、传播生涯理念、普及生涯知识发挥了重要作用。立足于我国的本土化职业规划教育正处于形成过程中，针对高等职业教育学生特点的教材尚需要大力发展。

本教材不仅注重对基本理论的介绍，也力图使用符合高职学生特点的阐述方式，重视如何用理论帮助学生梳理自我，认知职业，了解决策的基本内涵及常用方法，帮助学生在面对未知世界时，仍能保持信心勇敢前行。

本教材由职业生涯规划、职业自我认知、工作世界探索、职业生涯决策、职业生涯奠基五部分构成。

职业生涯规划篇：对职业生涯规划基本概念和理论进行了简介，目的在于让学生对学习内容有鸟瞰式了解。

自我认知篇：介绍了兴趣、性格、能力、价值观的内容及测评方法，目的在于帮助学生有客观的自我认知。自我认知是职业生涯的内部原因。

工作世界探索篇：展示了工作世界的构成及变化趋势，目的在于培养学生对职业世界的探索能力、评估分析职业信息能力。工作世界是职业生涯的外部条件。

职业生涯决策篇：列举了生涯决策的常见理论、一般步骤及评估调整方法，目的在于培养学生的目标制定、决策等能力，为学生今后一段时间的发展确定方向。

职业生涯奠基篇：分析了大学生活、高等职业教育特点及今后的发展路径，目的在于帮助学生从现状出发，向理想迈进。

与同类教材相比，该教材在以下方面进行了探索：

第一，教材编制理念更加务实。教材目的不是给学生规划出获得满意工作的路径，而是教给学生在迷茫中仍能坚守初心，奋力前行，在实现社会价值和自我价值的过程中保持幸福感的方法。

第二，教材采用了较新的体例结构。每章不仅有理论阐述，还包括本章导图、名人寄语、导入活动、阅读思考、实践拓展、专家视角六个内容，这些内容作为论述的补充和拓展，意在帮助学生将知识转化成为能力，并学会应用。

第三，教材兼具了更多的功能。在作为知识载体的基础上，教材中有很多的测验、练习、二维码、网址，具备了手册与平台的功能，并试图帮助学生记录下自己的成长过程，与社会建立联系。

第四，教材的案例丰富，可读性强。每章的阅读思考案例覆盖本章内容，每节的案例侧重在联系实际，案例故事真实生动，大多来源于高职院校毕业生，希望学生通过学习案例，对未来职业发展树立信心。

本教材是写给高职学生的，旨在帮助他们看清自己的优势，了解工作世界，关注社会发展趋势，学会职业规划的基本思路，在此基础上，从现状出发，发挥特长，不断尝试，突破自我，在服务社会中提升能力，体会幸福。

在编写过程中，借鉴、参考了国内外职业生涯、就业指导、创新创业方面的文献资料，采用了专家学者的理论和观点，非常感谢大家的贡献。直接引用了一些教材、文献资料以及同行的经验和案例，部分未详细注明出处，一并致谢。本书中的素材、图片多来自于互联网，其版权属于原作者或单位，本书引用仅作教学之用，如果侵犯了您的版权，请与我们联系。本书写作过程中，出版社及编委付出了辛勤的劳动，我院部分 2017 级同学对该书也贡献了宝贵意见，在此一并感谢。

由于时间和水平所限，书中难免有疏漏和不妥之处，真诚欢迎广大读者、同行提出宝贵意见和建议，以便更好的修订和完善。

编者
2018 年 10 月

目 录

第一章　赋予动力——职业生涯规划

本章导图

- 第一章 赋予动力——职业生涯规划
  - 【名人寄语】
  - 【导入活动】理想之旅，不忘初心
  - 【阅读思考】从电影中寻找人生开挂的秘籍
  - 第一节 明晰生涯目的 树立生涯意识
    - 【案例故事】相同的路径，不同的结局
    - 一、生涯与职业生涯
    - 二、生涯规划的内涵与类型
    - 三、生涯规划的重要作用
    - 四、生涯规划的根本目的
    - 【体验活动】撕纸游戏
  - 第二节 把握生涯智慧 发展生涯技能
    - 【案例故事】智慧与技能，为成长导航
    - 一、帕森斯的特质因素论
    - 二、舒伯职业生涯发展理论
    - 三、生涯建构理论
    - 四、职业生涯规划的步骤方法
    - 【体验活动】绘制人生彩虹图
  - 【实践拓展】寻找自己的个人成长顾问
  - 【专家视角】
    - 一、最成功、最幸福的状态，是专注于有意义的事
    - 二、成功人生的七种设计
  - 【网上精品视频课程】职业生涯规划导论

名人寄语

能够到达金字塔顶端的只有两种动物，一是雄鹰，靠自己的天赋和翅膀飞了上去，有另外一种动物，也到了金字塔顶端，那就是蜗牛。我相信蜗牛绝对不会一帆风顺的爬上去，一定会掉下来，再爬，掉下来，再爬。但是，蜗牛只要爬上了金字塔顶端，它眼中所看到的世界，它收获的成就，跟雄鹰是一模一样的。所以生命的起点由不得自己选择，但是生命的终点是自己决定。

——俞敏洪《平凡的日子与伟大的人生》

导入活动

理想之旅，不忘初心

经过高考，同学们来到了大学。高中学习的目标似乎就是“考上大学”，这个目标曾经激励着同学们为之刻苦努力。而今，这个目标已经成为过去，面对未来，同学们需要有新的目标来指引自己的行动。现在，请认真思考：你为什么要上大学？通过大学，你要实现的目标有：

1. ______________________________
2. ______________________________
3. ______________________________

以下问题，可以帮助同学们重新探索自己的人生理想与目标：

很小很小的时候，我的理想是：______________________

天真烂漫的小学，我的理想是：______________________

初中的花季雨季里，我的理想是：______________________

高中的激情岁月里，我的理想是：______________________

现在，来到大学里，我的理想是：______________________

以上这些理想的共通之处是：______________________

认真分析上大学的初心目标和理想的自我探索有交集吗？请牢牢地把交集点记在心里，这是为之努力的初心所在。

通过以上思考与分析，我发现：______________________

____

基于现实，我想到实现自己理想的具体计划有：______________________________

____

在理想实现的过程中，我渴望获得的支持是：______________________________

____

阅读思考

从电影中寻找人生开挂的秘籍

案例背景：

（1）游戏类电影《勇敢者的游戏 2：决战丛林》

（2）剧情：主人公首先选择将要扮演的角色是硬汉冒险家、龟速行李手、中年发福教授、热辣女战士、帅气飞行员。

以角色身份进入危机四伏的热带丛林之中，面对猛兽袭击和邪恶势力的追捕，完成拯救丛林的任务。

案例冲突：

影片的设置使每个人物有三次重生机会，想要成为赢家，就必须做些功课。如果随随便便入场，分分钟就会掉入游戏设置的陷阱，很快浪费掉“三条命”，GAME OVER。

如果说人生就是一场游戏，那么生涯规划就是游戏的攻略。

案例问题：

第一步，了解人物特点，选择最佳游戏起点，这叫生涯定位。

影片中每个游戏人物都是与众不同的，有独特的技能和优势，也有不可忽视的弱点和劣势。例如，行李手是动物学专家和武器管家，他知道动物的习性，他的背包里有各种克敌制胜的武器，但同时他个子矮小，力量和速度都不及其他同伴，而且蛋糕是他的致命缺点。对于行李手而言，如果他选择降落在平原，速度和力量均处于劣势的他很快就会被敌人抓住；如果他选择降落在集市，极容易误食蛋糕类食物而丧命。他的身材适合隐藏，他的知识能帮助他躲避猛兽的追捕，可见，选择密林深处作为游戏的起点才是明智之举。

与游戏中的人物一样，我们每个人都有自己独特的优势和劣势，扬长避短是硬道理。与游戏不同的是，玩游戏的时候我们可以选择喜欢的人物，然而人生这场游戏没给选择的机会。这就决定了，人们需要从自身的实际出发，准确、全面、持续地观察，感悟、认识自我，了解自己的个性、兴趣、能力和价值观。

认识了自我还不足以做出准确定位，还需要对游戏地图的全貌有一定的把握，在复杂的社会体系中找到属于自己的位置。这么多的行业、职业、企业、国家、地区、城市，要把哪里作为自己的奋斗坐标？这是每个人都需要思考的问题。生涯规划的第一步就是要先帮助大家做好定位，发现木桶的长板，挖掘潜力，找到正确的发展方向。

生涯定位就是指个人特质与职业要素获得良好匹配，选择适合自己的专业或职业。

第二步，想办法在游戏中活下来，这叫做生涯适应。

不论你选择在游戏的哪一个场景开始，都有各种生命的威胁需要面对。例如，影片中有陡峭的悬崖、凶猛的猎豹、疯狂的犀牛、隐匿的毒蛇、彪悍的打手，当然还有诡异又凶残的大Boss。如果不随时保持高度的警惕，可以有上千种死法，为了活下来，玩家必须掌握躲避每一种危险的有效方法，以一种迎接挑战的心态在游戏中生存下来。

现实生活中，进入到理想的学校和工作单位仅仅是一个开始，这里全新的环境和规则，你熟悉吗？这里提出的任务和要求，你能完成吗？这里存在的压力和竞争，你能接受吗？或者，倘若没能进入理想的学校和工作单位，你又该如何呢？

生涯适应就是指能够胜任工作和学习的任务，并从中获得满足感和成就感。原地爆炸重新来过这种想法在游戏中可以有，但人生没有重来的机会，人们只能往前看，积极应对，克服各种不利于我们的客观和主观因素，让自己慢慢变得强大起来。

第三步，与同伴合作完成游戏任务，这叫做生涯发展。

影片中飞行员基于之前夺取直升机失败的经历，在游戏的集市里生活了20多年，却始终没有勇气再次挑战，直到其他同伴的到来并给予他巨大的支持和鼓励，才和伙伴们一起完成拯救朱曼吉（游戏丛林名称）的使命。只有完成了游戏的任务，而不是原地打转，才有快乐感，这才是游戏的真谛。

学习工作的理想状态需要兴趣、能力、价值三个要素的协调，三个要素之间是互相推动的，有兴趣钻研，自然能提高能力；能力的不断增强，促进人在与职业的互动中体现价值；持续的价值感反过来能强化兴趣。当三要素运转不畅时，可运用恰当的策略改善调整，推动三要素良性循环。游戏中的飞行员就是典型的能力缺失，因为感到焦虑恐惧而拒绝尝试进一步完成游戏任务，其他同伴的信任改善了三要素失衡的格局，最终帮助飞行员超越了自我。

生涯发展就是指突破工作学习上的瓶颈，激发活力和创造力。在成绩上不掉队，不等于能有持续的学习动力。对成绩有更高期待时，会感到焦虑；反复强化基础知识时，会感到厌倦；得不到老师和同学的认可时，会感到失落，这些负面情绪会羁绊我们前进的脚步。

第四步，在完成游戏任务的过程中需要不断选择、排序，这叫做生涯平衡。

完成拯救朱曼吉的任务是影片中游戏的主线，在此过程之中，你不得不与怄气的伙伴搁置争议、同仇敌忾；你可能要牺牲掉自己的一条生命去换取同伴的生还；你必须得佯装镇定给同伴精神上的支持，颤抖着冲在危险的前面……很多场景是零和局面（即一方所赢正是另一方所输，总成绩永远是零），选择了这边，就必须放弃另一边，如何取舍决定着游戏的进展与结果。

人一生中要扮演很多角色，除了工作者，还有国家公民、家庭成员、学习者、娱乐者等等。由于人的时间和精力是有限资源，再加上不同角色和不同维度对于不同人的重要程度不同，每个人有自己的权重分配。如何分配没有绝对的对错，但却有主动和被动之分。一个成熟独立的人，会主动地在认真思考的基础上而不是被动地在环境压力下做出分配，并能在纷繁复杂的局面中理清脉络，将事物分出轻重缓急，有条不紊地处理好理想与现实的关系，通过自己与社会的良性互动，不断获得发展。

生涯平衡就是指游刃有余地平衡好生涯的各个角色和各个维度。大学生首先要做好各个学科学习的平衡，如时间如何安排，精力如何分配。同时，学生不仅仅是学生一重身份，同时也是父母的孩子、国家的公民、市场的消费者等等，“纯粹的好学生”这种单一的角色身份是不利于孩子持续健康发展的。生涯规划教育就是要培养我们的多元角色担当和多任务管理能力，鼓励我们全面协调健康发展。

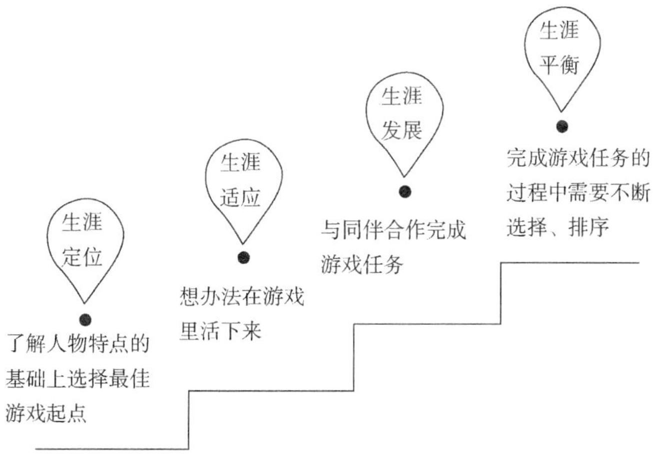

文章节选自公众号：jolly

问题：

1. 请与同伴分享自己玩过最棒的一局游戏，并回想自己为何能在这局游戏中胜出。

2. 有人说，人生就是一场游戏，那么，在这场游戏中，你希望它对你最终的奖励是什么？你已经获得了哪些彩蛋，今后你还希望得到哪些彩蛋，为什么？

第一节　明晰生涯目的　树立生涯意识

【案例故事】相同的路径，不同的结局

刘丽，某知名高校财务专业2015届毕业生，入职第一天，她的校友，公司里的财务总监张森，按惯例宴请部门新人。席间，一众迷妹粉向总监讨教升职经验，总监讲了留学时的择校经验、获得奖学金的经验等等。

刘丽虽是公司里的重点培养对象，但她并没有重视这个事，而是在宴席散后，暗下决心践行校友的成功之路，因此，她开始备战TOFEL，准备出国留学。但刘丽的英语属于基础差劲极了的那种，一战TOFEL不成，又二战、三战，屡败屡战，直至第三年她才决定放弃。此时，那个和她一起进入公司财务部却不被上司看中的赵蕊，考下了CPA，同时因工作认真

负责，得到同事们的一致认同，升职为公司的财务经理。

刘丽棋差一招，输在哪里？

每个人的情况不同，财务总监张森早在学生时代就定了出国留学的目标，大三的时候TOFEL成绩已经过105分，大学一毕业，就飞到美国最好的会计专业学习，并在学习期间拿下CPA，而刘丽想留学只是一时兴起，并没有结合自己的实际情况。

财务经理赵蕊，棋高一招，高在哪里？

赵蕊刚入公司时，并不是公司里的重点培养对象，但他找到了升职必备的专业核心竞争力，并为此而努力，最终获得了上司的重视，在这场战役中胜利。

职业生涯规划，是非常个性化的事情。在美国，很多高中生会花费高价做职涯咨询：评估自己的内在优势、劣势，外部环境的威胁和机会，找到自己的兴趣点、从业方向、行业的发展趋势。在此基础上，利用大学时间着重了解所学专业、社会动向、确认未来方向。

即便如此，他们也会遇到理想很丰满、现实很骨感的窘况，这时，他们会充分利用在校时间，尽可能地通过实习活动了解大环境，同时找到并培植自己的核心竞争力，自学相关知识考取有用资格证，为未来的职涯做理论和实践上的准备。美国学生詹姆斯说："在这一过程中，我会对自己和未来有更多的认知，也会根据自己的需求制定出多个方向、多个方案，比如Plan A，Plan B，Plan C。"一些条件不错的人，例如美国前总统奥巴马的大女儿，2016年高中毕业后并没有直接就读哈佛，她选择了Gap Year（空档年）。她认为，在这一年的时间里，做一次长期的旅行能帮助自己适应社会，去体会不同的生活方式，以便更好地了解自己。

文章节选自公众号：安语嫣职场星球

问题：

1. 从刘丽、张森和找蕊身上，你学到了哪些经验？
2. 如果你得到了Gap Year的机会，你准备如何安排，为何会如此安排？

一、生涯与职业生涯

（一）生涯

"生涯"出自《庄子·养生主》，在《庄子》里的原句是："吾生也有涯，而知也无涯。以有涯随无涯，殆已！已而为知者，殆而已矣！为善无近名，为恶无近刑，缘督以为经，可以保身，可以全生，可以养亲，可以尽年。"

而此处我们所说的"生涯规划"中的"生涯"是指个人通过从事工作所创造出的一个有目的的、延续一定时间的生活模式。英语是"career"，实际上就是指"职业"。"生"，即"活着"；"涯"，即"边界"。广义上理解，"生"，自然是与一个人的生命相联系；"涯"，则有边际的含义，即指人生经历、生活道路和专业、职业、事业。人的一生，包含少年、成年、老年几个阶段，成年阶段无疑是最重要的时期。这一时期之所以重要，是因为这是人们从事职业生活的时期，是追求自我、实现自我的重要人生阶段，是人生全部生活的主体。

生涯的特点：

既然生涯是人一生中各种角色的统合，因此在生涯发展过程中，必定会在不断的角色扮演中寻找自我，发掘人生的意义与方向。了解生涯的特性，有助于认识生涯的本质，以便更合理地规划人生，从而做到在面对不同情境时都能坦然以对。

1. 独特性

每个人的生涯都不一样。就像世界上没有两片相同的叶子，人与人之间也绝不会完全相同。因此，进行生涯规划，无论是谁，都有其独特性，都有其专属的生涯规划，绝对不会与他人完全相同。

2. 终身性

生涯是一个人从生到死一辈子的事情，包含就学、就业、退休后生活。如果今天做一个生涯规划，明天又有另外的生涯规划，就不能称为生涯规划，只能算是计划而已。

3. 发展性

生涯是人生发展的整个历程，贯穿人从生到死的过程，且在人生发展的不同阶段呈现出不同的形态和特点，因而具有发展性，且随着个人成长、经验积累、社会发展而变化。

4. 全面性

生涯包含人生整体发展各层面，对一个人生涯规划所考虑的点、线、面极为广泛，包罗万象。

生涯并不局限于个人的职业角色，尽管与职业相关，但比职业的内涵更加丰富，它涵盖的时间更长，既包括就业前的活动，也包括离开工作后的生活。每个人的生涯发展都是独一无二的，是依据个人的人生理想，为了自我实现而逐渐展开的一种生命历程。

（二）职业

职业是社会分工的产物，它决定了人在社会中的角色。从广义来讲，职业就是利用自己所学的知识和技能，从事一种可以为社会创造经济价值、精神价值，并从社会中获取物质及精神补偿的活动。在英文里，职业的拼写为 occupation，它是一种不同于 job（工作）的、有更广阔外延的概念。“职”的释义是“职务，责任”，“业”就是“行业”。从这里可以看出，职业不仅反映了个人从事何种工作的概念，也反映了个人从事职业作为一种社会性的活动对社会创造价值的概念。通过职业每个人可以发挥才能，履行社会义务，实现生活理想，享受工作乐趣，甚至自我超越。

从狭义来讲，职业是指从业人员为获取主要生活来源而从事的社会性工作类别。他强调了职业作为一种谋生的手段来满足个人基础的需求。职业可以提供金钱收入，满足生理需求。如果生理需求没有被满足，它就成了主宰个人的力量。

总之，职业是参与社会分工，利用专门的知识和技能，为社会创造物质财富和精神财富，获取合理报酬，作为物质生活来源，并满足精神需求的工作。职业是对特征相同或相似的一类工作的统称，其分类以国家的职业分类大典为标准。如：工人、农民、教师、公务员就是一些重要的社会职业。

职业作为一种重要的社会现象，它是随着生产力的发展与提高，出现社会分工以后才出现的，并随着社会的进步不断发展变化。据统计，每年有成百上千种新型职业的产生，同时也有许许多多传统职业被淘汰。

从职业范畴角度分析，它具有以下特征：

1. 同一性

某一类别的职业内部，其劳动条件、工作对象、生产工具、基本操作内容相近或相同。由于环境的同一，人们就会形成同一的行为模式，有共同的语言习惯和道德规范。基于此，才形成了诸如行业工会、行业联合体等社会组织。

2. 差异性

不同职业间存在着很大的差异，劳动条件、工作对象、工作性质等都不同。随着社会的进步，经济体制的改革，新的职业还会不断涌现，如经纪人等，各种职业间的差异也会不断变化。

3. 层次性

从社会需要角度来看，职业并没有高低贵贱之分，但是，现实生活中由于对从事职业的素质要求不同以及人们对职业的看法或舆论的评价不同，职业便有了层次之分，这种职业的不同层次往往是由不同职业体力、脑力劳动付出、收入水平高低、工作任务轻重、社会声望、权力地位等因素决定的。

4. 时代性

职业具有时代性，不同时代有不同的热门职业。我国曾出现过的“当兵热”“从政热”“高考热”到“考研热”，又发展到“下海热”“出国热”“外企热”等，都反映出特定时期人们对某类职业的热衷程度。

二维码链接 什么是工作

（三）职业生涯

职业生涯是一个人一生的工作经历，特别是职业、工作待遇、职位的变动及工作理想实现的整个过程。职业生涯是人一生中最重要的历程，人们从 20 岁左右参加工作，到 60 岁左右退出职业，职业生涯约占人生的三分之二，占据人生中精力最旺盛、创造力最强的时期。

作为一种较为复杂的客观存在，我们需要从几个方面来理解和分析“职业生涯”的内涵①：

---

①张在生. 职业生涯开发与管理（第 1 版），天津大学出版社，2003.

（1）职业生涯是个体的概念，是指个人的行为经历，而不是群体或组织的行为经历。

（2）职业生涯是职业的概念，是指一个人在一生中的职业历程。

（3）职业生涯是时间的概念，意指职业生涯周期，起始于初次工作之前的学习阶段、培训阶段，终止于完全结束或退出职业活动。实际生活中，职业生涯的时间范围在不同的个体之间有很大差别。

（4）职业生涯是发展和动态的概念，指个人的具体职业内容和职位是在不断发展和变化的，而不是固定、单一的。职业生涯更重要的内涵，是职业的变革与发展的经历和过程，包括职业的转换、职位的晋升等具体内容。

二、生涯规划的内涵与类型

（一）职业生涯规划的内涵

所谓职业生涯规划，是指个人结合自身情况以及机遇和制约因素，为自己确立职业目标，选择职业发展路径，制订教育、培训和发展计划等过程，并为自己实现职业生涯目标而确定行动方案。规划的实质是选择追求的目标和实现目标。因此，职业生涯规划的实质就是，结合自身情况及各种制约因素，为实现职业目标，制定一个完备的行动方案。简而言之，就是指个人为自身的职业发展所做的策划和准备工作。

大学阶段正处于职业生涯中的准备期和探索期，对于大学生群体来说，职业生涯规划有着更具体、更重要的内涵。在大学阶段，应当客观、全面地认识自己的能力、兴趣、个性和正确的价值观，了解各种职业、行业、环境的需求趋势和影响因素，确立职业生涯发展目标，选择实现这一目标的职业方向，制定出行之有效的实施方案，包括相应的学习和培训计划，并做到及时反馈和修订。

（二）职业生涯规划的类型

按照规划的时间维度，职业生涯规划可以划分为短期规划、中期规划、长期规划和人生规划四种类型。

1. 短期规划：2 年以内的规划，主要是近期目标，规划近期应完成的任务。

2. 中期规划：一般 2～5 年的职业目标和任务，是最常见的职业生涯规划。

3. 长期规划：指 5～10 年的规划，主要是设定较长远的目标，以及为实现此目标应采取的具体措施。

4. 人生规划：指整个职业生涯的规划，时间长达 40 年左右，设定整个人生的发展目标和阶梯。

个人职业生涯规划从短期到中期，再到长期，直至整个人生规划，如同台阶需要一步步地发展。在实际操作中，跨度时间太长的规划由于环境和个人自身的变化难以把握，而时间跨度太短的规划意义又不大，所以，一般把职业规划的重点放在 2～5 年内的中期规划，这样既便于根据实际情况设定可行目标，又便于随时根据现实的反馈进行修正或调整。

三、职业规划的重要作用

（一）正确认识自我，坚定职业目标

无论做什么事，首先要确立目标，才会有清晰的前进方向和充足的动力及饱满的热情。怎样设定人生目标并通过努力达到目标，这就需要对自己的职业生涯做出合理规划，这是迈向成功的第一步。

有许多同学对自己不大了解，没有清晰地认识到自身的优势和劣势，在职业选择过程中，具有较大的盲目性。这极易导致奋斗目标模糊、易变。通过有效的职业生涯规划，可以使学生认识到自身的个性特质、现有和潜在的资源优势，并进行对比分析，着力培养职业所需的特质，树立适合自身情况的职业发展目标和职业理想，从而规划自己的学习方向，指导自己的实践目标，制订合理的行动计划，并为获得理想的职业而去做各种准备。

（二）充分了解社会，提升个人竞争力

“物竞天择，适者生存。”当今社会处在变革的时代，到处充斥着激烈的竞争。要想在这场激烈的竞争中脱颖而出，立于不败之地，职业生涯规划是最强大的武器和法宝。生活在象牙塔内的大学生们，常常因缺乏对社会和外部职业世界的了解，而不能适时、合理地调整职业目标和行动计划，进而在职业竞争中处于劣势。

在职业生涯规划的过程中，同学们需要不断地获取外部信息，包括职业、组织、社会等多方面的信息。获得的外部信息越多，心理上的准备也就越充分，在规划自己未来发展的规划时，就能够满足社会的需要并结合眼前利益和长远发展，有的放矢。

（三）实现自我价值，成就美好人生

马斯洛的需求理论指出，人的需要是由低级向高级层次推进的，即生理的需求→安全需求→友爱和归属的需求→受尊敬的需求→自我实现的需求。所有这些需求必须通过职业活动来实现。也就是说，同学们需要通过从事一份适合的职业来发挥自己的能力，从而获得生理、安全、友爱、归属、尊敬的需求，实现自我价值。不过仅仅有一份工作，并不能保证同学们完全实现需求。由于社会的快速变迁，竞争的不断加剧，令许多即将踏入社会的同学们手忙脚乱，不知何去何从。有效的解决方法只有一个，那就是进行职业生涯规划。正确的职业生涯规划，能为实现自我价值创造机会，并扬长补短，最终迈向成功。①

四、生涯规划的根本目的

生涯规划是一个过程，规划的功能在于为生涯设定目标，并找出达成目标寻找所需采取的步骤。目标可以为人生带来希望和意义，奥地利心理学家维克多·弗兰克凭借寻找生命的

---

①由美国心理学家亚伯拉罕·马斯洛在1943年在《人类激励理论》论文中所提出来的。

意义成为奥斯维辛集中营中少有的幸存者之一，并开创了心理治疗中的“意义疗法”。他说：“你不要去问生命，你应该要回答生命对你的质询。”在生涯规划中，目标的制定是一个探索的过程，这个过程能够帮助大学生逐渐厘清生命的价值和意义，并用行动去实现它。就像为飘忽不定的人生加了一个帆，无论风雨来自何方，人生之船都自有它的方向。

米歇尔罗兹指出：生涯规划有突破障碍、开发潜能和自我实现三个积极目的。一个人最大的幸福，是能以自己选择的方式生活。选择所爱，爱其选择的结果，会使一个人以己为荣，并呈现出圆融、丰足、喜悦、智慧和充满创造力的气质。

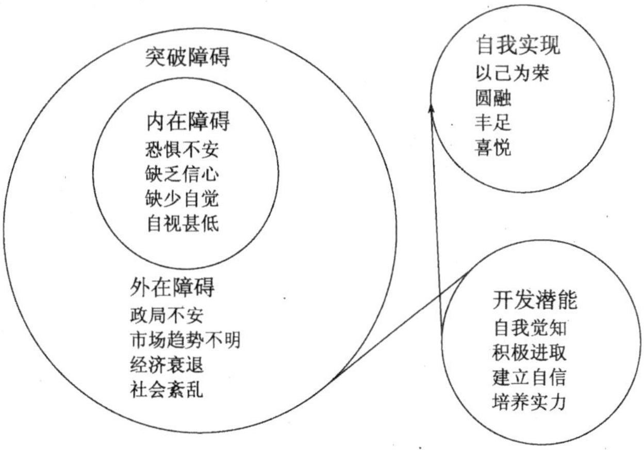

图 1-1　生涯规划的三个积极目的

在生涯发展过程中，很多大学生对追求理想的工作或人生目标充满疑惑；还有的大学生甚至不敢去想象或者设立理想目标，因为觉得那是不可实现的。阻碍他们插上理想的翅膀、迈出勇敢步伐的原因通常来自如图 1-1 所示的两种原因：内在障碍和外在障碍。内在障碍通常是由一个人对自己的不了解、低评价或者无安全感造成的。例如，有的同学很难看到自己的长处，总用自己的短处和别人的优势相比，内心从未觉得自己有可用或特别之处。所以，在找工作时，缺乏信心，总感觉自己这也不好，那也学得不够，还没做好踏入社会的准备，从而影响自己找好工作的信心，影响自己在面试环节中的表现。这是典型的不能够真正了解和接纳自己，从而导致的自我低评价，对找工作产生负面影响的情况。

外在障碍则来自一个人所处的环境，通常与政局变动、市场未知、经济衰退和社会秩序不稳定等相关。一个没有生涯目标的人，很容易受外界因素的影响。例如：两个大学生，有着同样普通的家庭背景，毕业时找到的工作也都不理想。客观上大学扩招之后就业竞争加剧的确多少影响了他们找工作，但对于那个有生涯目标的同学而言，因为奋斗目标明确、步骤具体可行、对自己认识清晰准确、对未来充满希望，所以更容易积极面对并不理想的工作，努力从工作中获得和培养自己实现目标所需的能力和资源，把这当作迈向理想目标的第一步。而另一个没有任何生涯目标的同学，可能更容易抱怨社会，哀叹自己生不逢时、没有早几年出生、没赶上“大学毕业生是天之骄子”的年代……因为看不到希望，便很难内在积极地应对困境，而是将找不到好工作归因于外因，从而更觉得自己没有能力。所以，两位大学生在毕业时人生的起跑线是相同的，却可能因为有无生涯目标导致人生态度的不同：一个充满力量，能克服困难、积极进取；另一个感觉被环境左右，怨天尤人、随波逐流。尼采说："懂得为何而活的人，几乎任何痛苦都可以忍受。"生涯规划可以帮助同学们设立目标、带来希望，从而突破发展中的内在障碍，最终实现幸福人生。

二维码链接 马咏梅：一个洲际小姐是怎样产生的

体验活动

撕纸游戏

生命不是掌握在别人手里，它只有一个主人，那就是你自己。

生命最宝贵之处，并不在于它的长度，而在于它的广度和深度。

生命是一段旅程，最值得回味的，不仅是目的地，更是路上的风景。

现在的你，是三年前的你所决定的。三年后的你，是现在的你所决定的。

现在：

1. 按下图所示，请准备一个1厘米宽的纸条，这个纸条的全部长度代表你的一生。
2. 先撕去自己作为大学生已经度过的岁月，大约1/5。
3. 然后再撕去退休后的时间，大约1/5。
4. 继续撕去代表从步入工作到退休期间的时间，大约1/3。
5. 然而，还要撕去1/3的睡眠时间，撕去吃饭、清理个人卫生的时间，撕去交朋友、体育锻炼的时间，撕去看电视、玩的时间……现在，看看你的纸条还剩多少？

现在，让我们来计算：大学三年全部的1036天，其中有三个寒假＋两个暑假＋三个长假，还有一半黑夜。在仅剩的252天里再去掉你发呆、郁闷、抱怨、茫然、网游、恋爱、毫无目的的学习……还余多少天呢？

6. 现在剩下的纸条就是能够做职业准备的时间，拿着手中的小纸条，你都想到些什么？

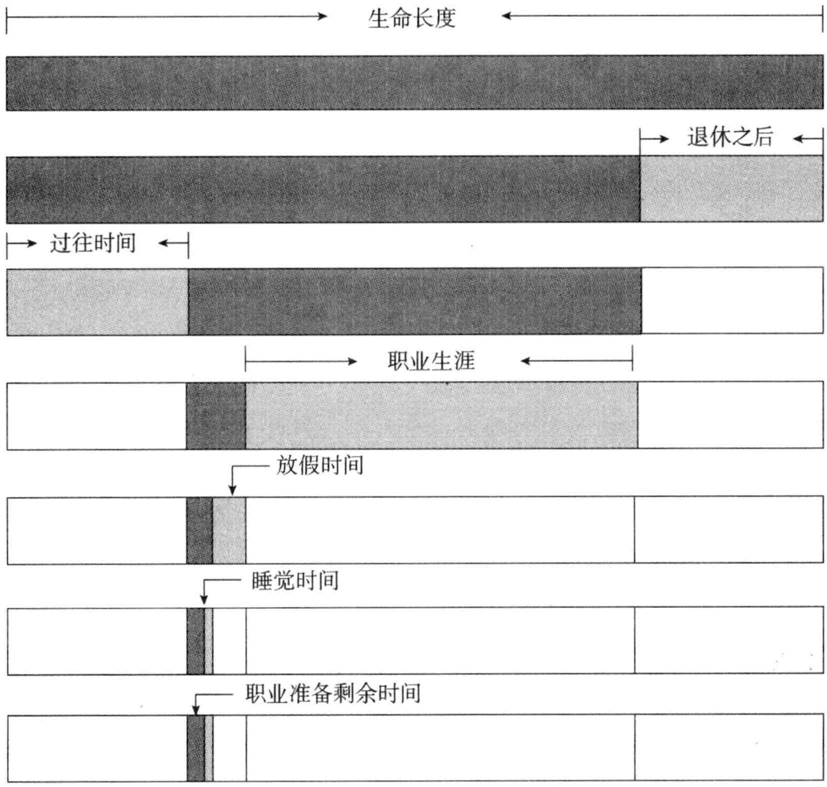

由此，你明白了什么，你有哪些感悟呢？

____

____

第二节 把握生涯智慧 发展生涯技能

【案例故事】智慧与技能，为成长导航

杨哲，2002 年毕业，目前在某大学担任人力资源课程讲师，兼职开设幼教中心，任总经理，同时取得香港某集团的招聘代理权，帮助许多大学生实现就业。一直以来，杨哲凭借自身的刻苦努力，为自己的职业生涯积累了智慧，练就了发展技能，因而取得了事业上的巨大成功。

杨哲从学校毕业，初入职场时尝试过多种工作。做过保险业务员、社区工作者以及网络公司的销售经理等。这期间由于个人的努力，均得到了领导的赏识，更重要的是他学到了很多实践经验。工作的同时，杨哲依旧努力学习，2005 年，被比利时鲁汶大学艾莎学院录取后用两年时间完成了本科和 MBA 的学业。2006 年又考入比利时国际关系学院，取得“国际关系”硕士学位。2007年4月，杨哲进入欧盟总部罗马尼亚办公室实习，同年12月，在国际关系学院担任“国际金融市场分析”专业助教至2008年12月，后由于家庭原因回到了国内。

回国之后，由于各方面的差异，杨哲一边努力适应一边思考自己的职业发展。总结自己的经验、技能，经过深思熟虑之后，认为更适合从事教育教学。于是，他去了一家职业学校应聘，成了一名招生老师，同时兼职英语教学。但是，这并不是他的终极目标，国外MBA的学习使他对“人力资源”专业充满兴趣，所以他希望从事“人力资源”专业方面的教学。

偶然的机会，杨哲认识了一名从事“人力资源”专业教学的大学教授。在两人交流的过程中，教授认为杨哲对人力资源的理解十分到位，同时了解到杨哲的愿望，于是，在教授的推荐下，杨哲如愿以偿地应聘到该大学教授“人力资源”课程。杨哲教学态度严谨，备课一丝不苟；同时，积极参加各种教学培训，虚心向身边的老师请教，教学水平不断改进，他的教学风趣幽默、深入浅出，深受学生们的欢迎。

不过，杨哲的脚步并没有只停留在教学上。他通过观察，发现中国的早教市场还有很多空白，所以，他和两个朋友合作开办了幼教中心，专门针对学前教育开设一些项目，得到家长们的认可。同时，杨哲凭借其对国内人力资源工作的了解，认为中国的大学生就业方面仍有很多工作的空间，于是，他主动与香港某集团取得联系，取得了该集团的招聘代理权，从而帮助许多国内贫困学生实现了到国外就业的梦想。杨哲通过自己的真诚和努力，相继在这两项事业上取得了巨大的成功。

杨哲一直奔波于中国和世界各地，品味着忙碌的漂泊生活。在困难与挫折面前，杨哲认为，扛过去了就成长了，经历一次长大一点，内心就会越来越强大。在杨哲看来，大学是最好的时光，最有意义、印象最深的是在大学里所有读过的书。只要认真读过，对将来发展都会有所助益，也会成为职业生涯智慧的积淀。踏入职场之后，就算一时困惑和迷茫，也不要气馁，随着阅历的增加，经验的丰富，生涯智慧的运用，总能找到自己的定位，在适合自己的生涯阶段进行发展，一步步迈向成功。因此，莫要辜负好时光，把握现在就是把握自己！

问题：

1. 杨哲目前所做的各种事情，有怎样的内在联系，这些内在联系是如何形成的？

2. 请结合自己的成长经历，梳理目前自己的状态，寻找今后自己想努力的方向和需要的资源。

一、帕森斯的特质因素论

1909年，帕森斯根据多年的工作经验，在其《选择职业》一书中提出了特质因素理论（又称帕森斯的“人职匹配”理论），特质因素论是最早的职业辅导理论。帕森斯认为，每个人都有自己独特的人格模式，每种人格模式的人都有其相适应的职业类型。

“特质”是指个人的人格特征，包括能力倾向、兴趣、价值观和人格等，这些都可以通过心理测验工具来加以衡量。

“因素”是指在工作上要取得成功所必须具备的条件或资格，这可以通过对工作的分析而了解。

帕森斯主张职业选择的要素和步骤如下：

1. 评价求职者的生理和心理特点（特性）

通过心理测验及其他测评手段，获得有关求职者的身体状况、能力倾向、兴趣爱好、气质与性格等方面的个人资料，并通过会谈、调查等方法获得有关求职者的家庭背景、学业成绩、工作经历等情况，并对这些资料进行评价。

2. 分析各种职业对人的要求（因素），并向求职者提供有关的职业信息

这些职业信息包括：①职业的性质、工资待遇、工作条件以及晋升的可能性；②求职的最低条件，诸如学历要求、所需的专业训练、身体要求、年龄、各种能力以及其他心理特点的要求；③为准备就业而设置的教育课程计划，以及提供这种训练的教育机构、学习年限、入学资格和费用等；④就业机会。

3. 人职匹配

在了解求职者的特性和职业的各项指标的基础上，进行比较分析，以便选择一种适合其特点又有可能得到并能在该岗位上取得成功的职业。人职匹配分为两种类型：①因素匹配（职业找人）。例如，需要有专门技术和专业知识的职业与掌握该种技能和专业知识的择业者相匹配；脏、累、苦等职业，需要有吃苦耐劳、体格健壮的劳动者与之匹配。②特性匹配（人找职业）。例如，具有敏感、易动感情、不守常规、个性强、理想主义等人格特性的人，宜于从事审美性、自我情感表达的艺术创作类型的职业。

特质因素论强调个人所具有的特性与职业所需要的素质与技能之间的协调和匹配。为了对个体的特性进行深入详细的了解与掌握，特质因素论十分重视人才测评的作用。可以说，特质因素论进行职业指导是以对人的特性的测评为基本前提，它首先提出了在职业决策中进行人职匹配的思想，奠定了人才测评的理论基础，推动了人才测评在职业选拔与指导中的运用和发展。

二维码链接　人职匹配的意义与局限

二、舒伯职业生涯发展理论

美国学者舒伯根据自己“生涯发展形态研究”的结果，将生涯发展阶段划分为成长、探索、建立、维持与衰退 5 个阶段。

1. 成长阶段

由出生至 14 岁，该阶段孩童开始发展自我概念，开始以各种不同的方式来表达自己的需要，且经过对现实世界不断地尝试，修饰他自己的角色。

这个阶段发展的任务是：发展自我形象，发展对工作的正确态度，并了解工作的意义。这个阶段共包括 3 个时期：

（1）幻想期（4～10 岁），以“需要”为主要考虑因素，在这个时期幻想中的角色扮演很重要。

（2）兴趣期（11～12 岁），以“喜好”为主要考虑因素，喜好是个体抱负与活动的主要决定因素。

（3）能力期（13～14 岁），以“能力”为主要考虑因素，能力起到重要作用。

2. 探索阶段

由 15 岁到 24 岁，该阶段的青少年，通过学校的活动、社团休闲活动、打零工等机会，对自我能力及角色、职业作了一番探索，因此选择职业时有较大弹性。

这个阶段发展的任务是：使职业偏好逐渐具体化、特定化并实现职业偏好。这阶段共包括 3 个时期：

（1）试探期（15～17 岁），考虑需要、兴趣、能力及机会，做暂时的决定，并在幻想、讨论、课业及工作中加以尝试。

（2）过渡期（18～21 岁），进入就业市场或进行专业训练，更重视现实，并力图实现自我观念，将一般性的选择转为特定的选择。

（3）试验并稍作承诺期（22～24 岁），生涯初步确定并试验其成为长期职业生涯的可能性，若不适合则可能再经历上述各时期以确定方向。

3. 建立阶段

由 25 岁到 44 岁，由于经过上一阶段的尝试，合适者会谋求变迁或做其他探索，因此该阶段较能找准在整个事业生涯中属于自己的“位子”，并在 31～40 岁，开始考虑如何保住这个“位子”并稳定下来。

这个阶段的发展任务是稳固并求上进。这个阶段又可分为 2 个时期：

（1）试验—承诺稳定期（25～30 岁），个体寻求安定，也可能因生活或工作上若干变动而尚未感到满意。

（2）建立期（31～44 岁），个体致力于工作上的稳固，大部分人处于最具创意的时期，由于资深的业绩优良。

4. 维持阶段

由 45 岁到 64 岁，个体仍希望继续维持属于他的工作“位子”，同时会面对新的人员的挑战。这一阶段发展的任务是维持既有成就与地位。

5. 衰退阶段

65 岁以上，由于生理及心理机能日渐衰退，个体不得不面对现实从积极参与到逐渐隐退。这一阶段开始注重发展新的角色，寻求不同方式以替代和满足需求。

舒伯生涯阶段的循环发展如表 1-1 所示。

表 1-1 舒伯的循环式发展任务

生涯阶段	青年期（14～15 岁）	成年初期（25～45 岁）	成年中期（45～65 岁）	成年晚期（65 岁以上）
成长期	发展合适的自我概念	学习与他人建立关系	接受自身的限制	发展非职业性的角色
探索期	从许多机会中学习	寻找心仪的工作机会	确认有待处理的新问题	选个良好的养老地点
建立期	在选定的职业领域中起步	工作，并寻求确定投入某一职位上的升迁	发展新的应对技能	完成未完成的梦想
维持期	验证目前的职业选择	致力于维持职位的稳固	巩固自我以对抗竞争	维持生活的兴趣
衰退期	从事休闲活动的时间减少	减少体能活动的时间	集中精力于主要的活动	减少工作时间

在上述舒伯的生涯发展阶段中，每一阶段都有一些特定的发展任务需要完成，每一阶段都需要达到一定的发展水准或成就水准，而且前一阶段发展任务的达成与否关系到后一阶段的发展。例如一个大学一年级的新生，必须适应新的角色与学习环境，经过“成长”和“探索”。一旦建立了较固定的适应模式，同时维持了大学学习生活之后，又要开始面对另一个阶段——准备求职。原有的已经适应了的习惯会逐渐衰退，继而针对新阶段的任务又要进行成长、探索、建立、维持与衰退，如此周而复始。

20 世纪 80 年代初，为了综合阐述生涯发展阶段与角色彼此间的相互影响，舒伯创造性地描绘出一个多重角色生涯发展的综合图形——“生涯彩虹图”，如图 1-2 所示，形象地展现了生涯发展的时空关系，更好地诠释了生涯的定义。

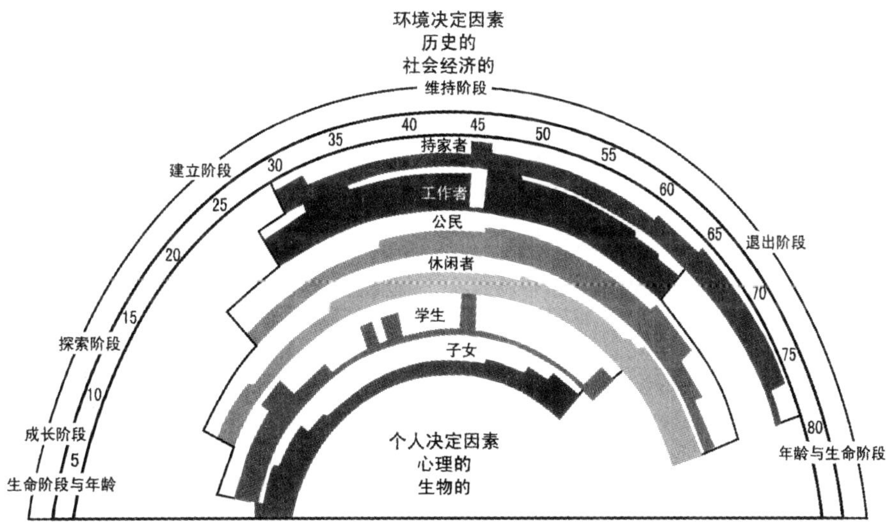

图 1-2 生涯彩虹图

（1）横贯一生的彩虹——生活广度

在一生生涯的彩虹图中，横向层面代表的是横跨一生的生活广度。彩虹的外层显示人生主要的发展阶段和大致估算的年龄：成长期（约相当于儿童期），探索期（约相当于青春期），建立期（约相当于成人前期），维持期（约相当于中年期）以及衰退期（约相当于老年期）。在这五个主要的人生发展阶段内，各个阶段还有小的阶段，舒伯特别强调各个时期年龄划分有相当大的弹性，应依据个体不同的情况而定。

（2）纵贯上下的彩虹——生活空间

在一生生涯的彩虹图中，纵向层面代表的是纵贯上下的生活空间，是由一组职位和角色所组成。舒伯认为人在一生当中必须扮演九种主要的角色，依序是：儿童、学生、休闲者、公民、工作者、夫妻、家长、父母和退休者。

舒伯的职业生涯发展阶段理论较为全面完整，阐释了将个人特征与职业匹配的动态过程，并将制约个人职业选择和发展的心理因素、社会因素有机地结合在一起，对职业生涯发展的研究具有较高的理论价值和实践价值。[①]

二维码链接 孔子的人生阶段划分

三、生涯建构理论

生涯建构理论揭示了一个解释的、人际的过程，在这个过程中个体建构自我，确立职业行为的方向，并为生涯赋予意义。这个理论包括三个核心内容：人生主题、职业人格和生涯适应力。人生主题即个人生涯的主题，是指什么内容或者因素在个体的人生故事中起什么作用，是生涯故事中最显著和突出的部分。从建构主义的视角看，生涯分为客观生涯和主观生涯，建构主义更关注主观生涯。主观生涯是把过去的记忆、现在的经验和未来的期望编织在一起所形成的故事，这个故事使记忆、经验和期望被赋予了个人的意义。人生主题就是这个编织好的故事的主题。一方面，主题给个体工作赋予意义和目的，使个体对所从事的工作承担责任；另一方面，主题让个体关注他们所从事的工作对他人产生的影响以及社会的贡献。识别人生主题有助于强化个体的自我同一性，增加社会责任感，加强个体间以及个体与社会间的联系。职业人格是指与个体生涯相关的能力、需求、价值观和兴趣。在生涯建构理论中，职业人格并不被认为是存在于机体内部的要素或特质，而是个体

①张波．大学生职业发展与就业指导．现代教育出版社，2010.

与环境互动过程中产生的适应性策略，个体可以根据情境采取或放弃特定策略。长期练习的策略会联合成一种可被检测到的风格或者方式。在个体进入工作世界之前，这些特点会在个体的家务劳动、游戏、爱好、阅读和学习活动中得到练习和强化。因此，在进行叙事生涯咨询时，可以根据个体过去的爱好和阅读习惯等建构故事。生涯适应力是生涯建构理论中的第三个组成部分。生涯建构理论认为生涯建构就是个体为了在社会角色中实现自我概念所做出的一系列努力和尝试，这一系列的努力和尝试都是适应的过程。有生涯适应力的个体具有以下四个特点：①关注职业前景；②具有较强的对自身职业未来的掌控力；③具有对可能自我和未来情境进行探索的好奇心；④具有较强的实现自我期望的信心。提高来访者的生涯适应力是生涯建构咨询的目标之一。在生涯建构理论中，人生主题解释了为什么每个人对待工作和生活有不同的态度，职业人格解释了不同的人喜欢做什么，而生涯适应力解释了个体如何应对生涯发展不同阶段的任务。将三者结合起来，生涯建构理论为研究者和咨询师提供了一套独特的视角来看待个体的生涯议题。

系统理论框架（Systems Theory Framework，STF）是由 Patton 和 McMahon 共同提出的一个有关生涯发展和咨询的理论。STF 主要基于建构主义的理论，并吸取了生态系统理论的观点和思想，将个人的生涯发展放到一个背景中去理解，扩展了生涯的研究领域，创新了实践方法。STF 将生涯发展影响内容分为三大系统：个人系统即人格、能力、性别、性取向等；人际社会系统即个人的社会系统或者重要他人，如家庭、同伴、学校、社区等；环境一社会系统，即个人和家庭嵌入的环境，如地理环境、经济环境、政策因素等。这些系统之间不是彼此割裂的，而是可以发生互动的。除了三个内容要素之外，生涯发展还与三个过程要素有关，这三个过程要素是：循环性，是指各个系统之间会发生相互的作用而不是相互隔离的，各个系统间会相互渗透；变迁性，是指各个系统在不同时间段的影响是不同的，比如家庭环境在儿童阶段、青少年阶段和大学阶段对人的影响是不同的；机会，是指生涯发展中一些不可预知的但是对生涯发展有重要影响的事件。这些内容和过程要素并不是孤立的，个体在生涯发展的过程中会以叙事的方式把这些要素联系起来，找到他们之间的关系，并建构意义。生涯建构理论和生涯系统理论架构都强调个人以及所处环境的重要性，但各有不同的侧重点。生涯建构理论更侧重生涯故事的主题和个人特点，系统理论框架则更侧重生涯故事中的系统和环境特点。二者都认为，个体的生涯发展是以叙事的方式将所有的这些要素组织起来并赋予意义的过程。叙事生涯咨询的过程就是咨询师和来访者通过叙事，将这些要素解构，并重新组织、重新赋予意义的过程。

四、职业生涯规划的步骤方法

（一）职业生涯规划的简单方法

最简单的职业生涯规划方法，是归零思考的方法。该方法是依次问自己以下四个问题：

1. 我是谁？

2. 我想干什么？

3. 我能干什么?

4. 环境支持或允许我做什么?

回答了这四个问题，找到它们的最大共同点，就有了自己的职业生涯规划。

现在，取出四张白纸、一支铅笔、一块橡皮，在每张纸的最上边分别写上以上四个问题。然后，静下心来，排除干扰，按照顺序，独立地仔细思考每一个问题。

对于第一个问题“我是谁?”回答的要点是：面对自己，真实地写出想到的每个答案，写完了再想想有没有遗漏，认为确实没有了，按重要性进行排序。

1. 我是谁?

我的性格是______________________________;

我的能力是______________________________;

我的理想是______________________________;

我的未来是______________________________;

别人认为我是______________________________。

对于第二个问题“我想干什么?”你可将思绪回溯到孩童时代，从人生初次萌生第一个想干什么的念头开始，然后随年龄的增长，再进行认真的排序。

2. 我想干什么?

我小时候想干的工作是______________________________;

我中学时想干的工作是______________________________;

我现在想干的工作是______________________________;

我的父母希望我干的工作是______________________________;

我一定要干的工作是______________________________。

对于第三个问题“我现在想干的工作?”则是对自己能力与潜力的全面总结，一个人职业的定位最根本的还要归结于他的能力，而他职业发展空间的大小则取决于自己的潜力。对于一个人潜力的了解应该从几个方面着手去认识，如对事的兴趣、做事的韧性、临事的判断力以及知识结构是否全面、是否及时更新等。

3. 我能干什么?

我小时候曾干成的事情是______________________________;

我中学时曾干成的事情是______________________________;

我大学时曾干成的事情是______________________________;

我认为我能干成的还有______________________________;

别人认为我能干成的事情是______________________________。

对第四个问题“环境支持或允许我干什么?”的回答则要稍作分析：环境，有本学校、本城市、本省，自小向大，只要认为自己有可能借助的环境，都应在考虑范畴之内。在这些环境中，认真想想自己可能获得什么支持和允许，弄明白后一一写下来，再以重要性排列。

4. 环境支持或允许我干什么?

我所在的寝室支持或允许我做的是______________________________;

我所在的班级支持或允许我做的是____

______________________________；

我所在的学院支持或允许我做的是____

______________________________；

我所在的学校支持或允许我做的是____

______________________________；

我所在的城市支持或允许我做的是____

______________________________。

把四张纸一字排开，然后认真比较第一至第四张纸上的答案，将内容相同或相近的答案用一条横线连起来，你会得到几条连线，而不与其他连线相交的又处于最上面的线，可能就是你最应该去做的事情，你的职业生涯就试着以此为方向。在此方向上以三年为单位，提出近期、中期与远期的目标；再在近期的目标中提出今年的目标；将今年的目标分解为每季度目标、每月目标、每周目标、每天目标。

这样，你每天睡前就可以对照自己的目标进行反省，总结当日成绩与失误、经验与教训，修正明天的目标与方法，第二天醒过来后稍加温习就可以投入行动了！这样日积月累，你的目标，你的梦想终会实现的。

二维码链接　设计人生最重要的五个小步骤

（二）职业生涯规划的系统方法

职业生涯规划的内容与步骤，具体如图 1-3 所示。

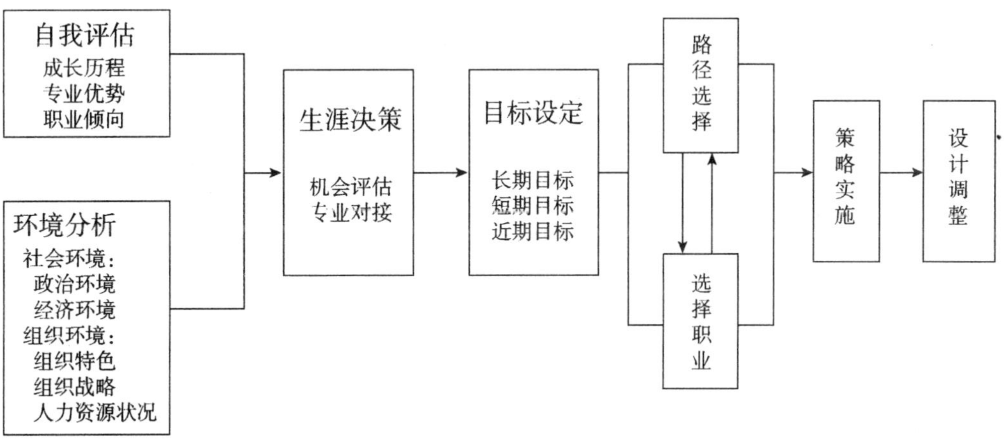

图 1-3　职业生涯规划的系统方法

1. 自我评估

职业生涯规划是一个“从内而外”的过程，因此在制定职业生涯规划时，要先认识自己。做好自我评估，包括自己的爱好、特长、性格、学识、专业、技能、智商、情商、思维方式等，即要弄清自己想干什么、能干什么、在众多的职业面前选择最适合自己的。大学生职业生涯自我评估主要从成长历程、专业优势和职业倾向几个方面进行评估。其中，职业倾向主要包括以下四个问题：

- 我的兴趣是什么？
- 我的性格有哪些特点？
- 我愿意在工作中使用哪些技能？
- 我最渴望从工作中获得什么？

自我评估的结果可以通过自我剖析、职业测试以及角色建议等方法获得。

2. 环境分析

职业生涯规划不能只从“自我”需要出发，还得结合现实的社会需要。职业生涯规划不能脱离现实，“闭门造车”“自说自话”只会让自己制定的发展目标不切实际，无法实施。

职业生涯规划需要在系统的自我评估之后，进行深入的环境探索，包括了解工作世界和职业环境分析。探索工作世界，主要包括建立职业的概念，探究专业与职业的关系，了解工作世界的宏观发展趋势，了解职业的分类和人才市场的需求，把握具体职业特别是自己适合的职业对人员的各种要求、条件和待遇等。职业环境分析，主要包括宏观层面的社会环境分析、中观层面的行业与地域环境分析和微观层面的组织环境分析。

3. 生涯决策

职业生涯规划在前面“知己”“知彼”的基础上，就可以做出对职业生涯发展方向的初步抉择了。综合考虑自我职业倾向与现实的生涯发展机会的匹配状况，结合自己的专业优势，评估生涯发展方向和机会的成功成本与概率，理性地做出生涯决策。

一般而言，进行生涯决策，必须遵循以下原则：

（1）择己所爱：对生涯发展蓝图的决定和选择，必须符合自己的兴趣。

（2）择己所能：对生涯发展蓝图的决定和选择，还必须依托自己的能力。

（3）择世所需：生涯决策必须遵循社会发展规律，符合社会的需求。

（4）择己所利：生涯决策也必须遵循利益最大化原则，确保自身正当利益。

根据生涯决策的基本原则，同学们进行生涯决策时必须立足于系统思考，重点考虑自己想要什么，自己能够做什么，自己可以做什么等。在此基础上进行信息整合，选择可行的策略。

4. 目标设定

大学生做职业规划目标设定，主要是确立初次择业的职业方向和阶段目标。目标设定是制定职业生涯规划的关键，通常目标有短期目标、中期目标、长期目标和人生终极目标之分。职业生涯目标的设立要以自己的最佳才能、最优性格、最大兴趣、最有利的环境机会等条件为依据。设立初步的生涯目标后，需要对目标进行仔细分解，以利目标的澄清和评估目标实现的可行性，并根据细分目标制订实现的具体计划方案。

5. 发展路径选择

条条大路通罗马，每个人都有适合自身发展的独特路径，但每个人都彼此不同，谁也不能完全复制别人的成功之道。职业生涯发展路径是指一个人选定职业后从什么方向上实现自己的职业目标，是向专业技术方向发展，还是向行政管理方向发展。发展方向不同，要求就不同。因此，在制订“职业发展行动计划”之前，必须结合职业决策做出发展路径选择，以便安排今后的学习和工作，使其沿着职业生涯的路径发展。

6. 策略实施

策略实施就是要制定实现职业生涯目标的行动方案，要有具体的行为措施来保证。没有行动，职业目标就是一种幻想。要制定周详的行动方案，更要注重去落实行动方案。按照规划的短期、中期、长远发展目标制定出阶段性的行动方案，再将阶段性的方案细化到日常可操作的层面。行动贵在坚持，养成习惯，很多不适应和麻烦会主动为你让路，良好的习惯是成功的保障，大胆去施行吧，只要认定了目标坚持行动，不成功都难。

7. 设计调整

事物都是处在运动变化中的，由于自身及外部环境条件的变化，职业生涯规划也会随着时间的推移而变化。影响职业生涯的内外因素很多，有些变化是难以预测的。在制定职业生涯规划时，由于对自身及外界环境了解不够，最初确定的职业生涯目标往往都是比较模糊或抽象的，有时甚至是错误的。经过一段时间的实践体验以后，有意识地回顾自己的行为得失，检验自己的职业定位与职业方向是否合适。这样在实施职业生涯规划的过程中自觉地总结经验和教训，评估职业生涯规划，修正对自我的认识，通过反馈与修正，纠正最终职业目标与分阶段职业目标的偏差，保证职业生涯规划行之有效。

二维码链接 大学生职业生涯规划的误区

体验活动

绘制人生彩虹图

现在，我们来绘制自己的人生彩虹图！

请思考自己过去、现在以及未来可能承担的生活角色，在下面的图上标注年龄阶段和你扮演的角色名称，然后在你某个年龄所扮演或希望扮演的角色区域，利用彩笔和文字区分出你对这些角色的理解。

注意要点：

（1）角色扮演的成功视个人的生理、心理因素及当时的社会环境等外在情境因素而定，该角色越成熟，所绘制的色带应越饱满。

（2）生命中各阶段所扮演的角色，延续的时期可用色带的长度来表示。

（3）可用不同的颜色来代表对该角色的喜好。

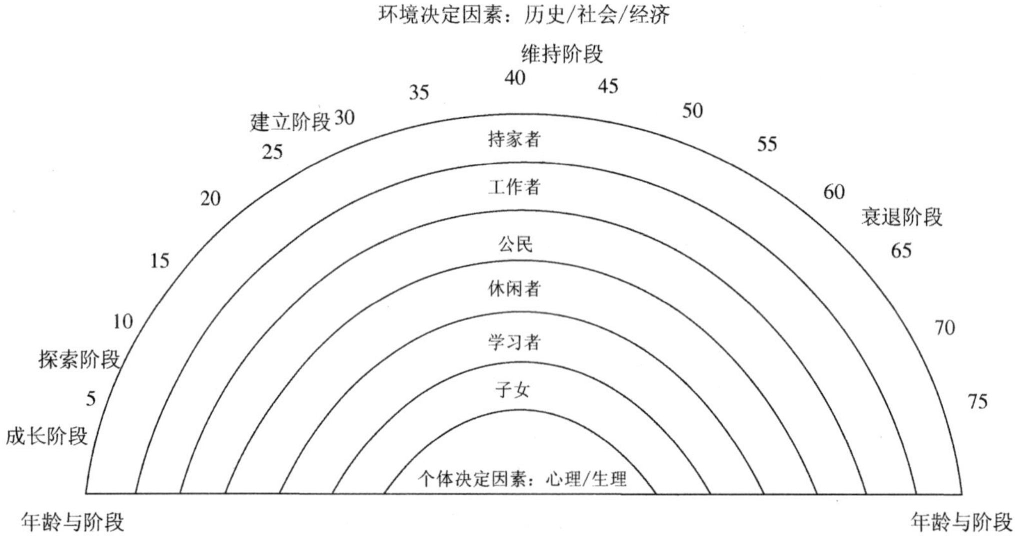

图 1-4　生涯彩虹图

绘制完成后，面对自己的人生彩虹，你有何感想呢？对于人生的不同阶段，所扮演的不同角色有哪些新的认识？如果要重绘这幅图，你会改变什么吗？

____

____

____

与同学讨论，通过绘制人生彩虹图，你发现有哪些规律？请列出：

____

____

____

实践拓展

寻找自己的个人成长顾问

第一个顾问是学习成长顾问。这个顾问可以是老师或高年级同学，需要时可以和他们讨论在学习上遇到的问题。

第二个顾问是心理健康顾问。这个顾问可以由学校心理咨询中心或所在院系的辅导员、班导师等相关人员担任。在生活、学习、情感或任何一个方面遇到困惑时，可以及时找到他，寻求及时的有效帮助。

第三个顾问是生涯发展顾问。这个顾问可以请学校就业指导中心的老师或请所在院系的辅导员、班导师等相关人员担任，也可以请自己熟悉的企业人士来担任，他们能够在自己迷茫需要帮助时助自己一臂之力。

第四个顾问是个人形象顾问。这个顾问可以请学校的老师或用自己的方法找到校外合适的人来担任。不过在这里需要注意“形象”的含义，一方面是外在形象，如服饰、发型、言谈举止等；另一方面是内在气质、素质、个人品格等。

以上四个顾问的寻找可以用自己的方式做到，比如一个电话邀请或者是拜访面谈。有这四个顾问的贴身服务，同学们将成长得更快。

顾问情况记录如下：

生涯成长顾问

	顾问姓名	联系方式	沟通建议频率	咨询提示	备注
学习成长顾问			每学期1次	学业有困难时	
心理保健顾问			每年1次	心中压抑时	
职业发展顾问			每年1次	职业选择实习面试时	
个人形象顾问			根据个人需要	参加重要活动时	

专家视角

一、最成功、最幸福的状态，是专注于有意义的事

常识告诉我们，要想提升幸福感、减少冲突和压力，就不能对工作投入过多。然而，现实似乎恰恰相反：想要对这个世界产生影响，并取得世俗意义上的成功，就必须让工作高于生活中的其他一切。

这是一种零和思维。从过去30年的研究和实践经验看，各领域的成功人士很少会这样看问题。在我们中间，有这样一群真正的成功者：他们取得的成就不是以牺牲家庭、社区和自我为代价；相反，恰恰是对个人生活的充分投入，帮助他们取得了事业上的成功。他们善于减少工作与生活的冲突，并赋之以和谐感。这不仅能减轻压力带来的紧张和焦虑，更是让他们取得令人钦佩的成就的力量源泉。

在《过你想过的生活》(Leading the Life You Want) 一书中讲述了一些人的故事，他

们堪称上述理念的现实典范。他们驾驭生活的各个部分蕴含的热情与能量，将它们聚合在一起，在工作、社区、家庭和自我这四个方面都取得成就，实现“四通赢”。这也许不能一步到位，而是要用一生去完成。这些人慎重地选择对他们来说最重要的人和事情。他们在工作中和工作之外的行为，都是自己价值观的体现。他们尽己所能，让生活中最重要的、依赖他们和他们依赖的人过得更幸福。如此清晰的视野，能帮助你化解冲突和压力，并不断变得更加自由。

并非只有天赋异禀且特别幸运的人能达到这种完美状态；只要愿意在生活中努力忠于自己、服务他人，并不断修炼，任何人都能做得到。要想按你希望的那样，过上真正有意义和从容的生活，关键在于全面思考，以及高度专注于对你来说重要的事物。当对你有意义的东西在你心中地位逐步提高，压力和紧张便不再那么困扰你。①

二、成功人生的七种设计

有一本书，名字叫《从现在出发》，内容是如何规划大学生活，其实这也是对于人生规划的设计，人需要在年轻的时候，好好规划自己，认真去做出努力，一个人在年轻的时候努力的程度如何，就决定未来他自己的高度如何；一个人在年轻的时候有多自律，就决定未来他有多自由。

1. 设计梦想

到了成人的阶段，很多人觉得梦想已经与自己没有什么关联了，引人关心的是现实生活的所有，大家在一起聊天的时候，说得最多的是财富、工作和生活，还有人不断地谈论现实的残酷、长大的烦恼、生活的无奈以及自己的孤独，这些都是必要的话题，很少人会聊离现实生活稍微远一点的话题。人们之所以陷在现实的困惑中，是因为我们失去了想象的能力，失去了梦想的牵引，也就失去了梦想带给我们的所有的美好和期许。如果没有期许、没有理想、没有愿望，相信生活也就没有了色彩、没有了方向、没有了追求。

理想越高远，人的进步越大，这是一个不断被证明的话题。人之所以成为伟人，首先是因为他有着伟大的目标、崇高的理想。人们喜欢姚明和刘翔不仅仅是因为他们所取得的成就，而是他们用理想激励自己的过程，为了实现这个理想，他们训练自己拥有更多的知识和技能，还要超越个人的得失，做出某些重大的牺牲。正如姚明和刘翔一样，在理想指引下，你逐渐变得有超乎常人的能力，胸怀宽广，大公无私，以你独有的方式为公众、为国家、为民族，甚至为人类服务，而当你的服务取得成效后，自然能够得到社会和公众的认可与尊重。而公众和社会对你的认可和尊重，同样会促使你成为伟大的人。

2. 设计努力

《说文解字》中的“智慧”，“智”这个字，把它拆开是“日”和“知”，可以据此理解为每天知道多一点，就叫“智”；再看“慧”字，把它拆开，它是三个字的组合，上面两

①哈佛商业评论网站．http：//www.hbrchina.org/2016—10—27/4656.html，有删改．

个“丰”，中间一个“雪”，下面一个“心”，也就是说：当心像雪一样洁白平静的时候，就会有双倍的丰收，能双倍地接纳别人的人，就是充满“慧”的人。所以智慧就是每天知道多一点，让你的心平静下来，不断地吸收，双倍地吸收，你就可以成为充满智慧的人了，的确如此。

大家记住，有知识不等于有智慧，知识与智慧的唯一区别：知识有一个节点，智慧没有。智慧是每一天逐步增加的。你可以说这本书我现在看完了，但是智慧的提升没有结束，它是一个不断累积的过程。有智慧跟有知识的区别就是，你是不是能够每天多一点进步，你是不是能够平静地接受所有的东西。

成功与失败没有什么差别。两者之间唯一的差别就是成功比失败多那么一点努力的东西。成功真的不是太难的东西，真的是需要稍微探索多一点。你都这样做了，那你一定就是会成功的，你要成功一定要比别的人多付出一点。

要创造性地思考。如果你真的想探索多一点思考，一定要在思考时发挥创造性。那也就是说你看山一定不是山，看水一定不是水，这个时候你才具有创造性。现代人的基本素质只有三个词，叫作团队、速度、韧性。也就是说如果你不会跟人家合作，你一定不是一个现代人。如果你的速度没别人快，也无法当一个现代人。还有更重要的一点，就是你要有韧性。因为今天的诱惑太多，坚韧的韧，韧性！

3. 设计心态

设计心态非常重要，良好的心态是成功的要素之一。

第一是归零心态。这个心态是需要在大学培养的，到工作岗位以后，就很难找到时间培养你的心态，为什么？因为你那时候压力太大，成就事业，成家立业，有所作为，出人头地……在大学里毕竟还是非常的单纯，所以这个时候是你练心态最好的一个时期。我们很多人没有注意到这一点。

一个正确的心态应该怎样来树立？第一个就是要学会归零。智慧的慧所指心要像雪一样平静就是这个道理，就是你要学会归零。一个能够归零的人，他的心态一定是成功的心态。当你错了的时候你就要承认错误，而且要真心实意地承认，承认完了那就把它扔掉。当你对的时候，你也要真心诚意地来想我是对的，但是欣赏完了就拉倒。一定要有回归为零的心态，这是第一点。

第二是快乐心态。学习是一件非常快乐的事情。每取得一点点的进步、每掌握一个公式、每知道一个定理，都会发现学习是非常的快乐。说实话我们要为自己未来的人生是否快乐负责。因为未来要终生学习。

第三是积极心态。快乐与积极其实是一样的，就是快乐的事情我们都认真做。可能你会发牢骚，但一定要限于偶尔。你要做的所有事都要快乐地去面对，你要去解决所有的困惑。你的积极的心态、欢乐的心态、归零的心态，它的重要性在于让你一生受益，这个只有先将其培养出来，才有机会运用它去面对未来的生活。

4. 设计时间

设计时间，就是对时间的管理。很多人在回首大学时光的时候，最感可惜的就是浪费时间。

怎么来设计时间呢？

第一，二八定律。在你整个大学生活里，你有20%的事情是最重要的，你要给它80%的时间，那这个应该就是学习。然后你还有80%的事情并不重要，但是你一定要做的事情，比如说你要吃饭、睡觉、洗澡、交友、花费时间做自己喜欢的事情等，这些事情你是一定要做的，你用20%的时间去把它做掉。

第二，设计时间的技巧。先要学会划分时间的四个象限，任何的事情在时间单位上都可以分为四种：很重要—很急迫、很重要—不急迫、不重要—很急迫、不急迫—不重要。那么一般人就先去处理很重要—很急迫、不重要—很紧迫的事情。但是对你来讲，如果你想真正发挥价值，你必须要抽出时间来做那个很重要—不紧迫的事情，所以这个需要大家一定要学会去做。

5. 设计沟通

沟通是一门学问，沟通是可以设计的。学会与人沟通对你的帮助会非常大。一个真正学会沟通的人，一定会得到知识和帮助。

沟通一定要“由心开始”。沟通由心开始最重要的就是想别人所想，而不是想你所想的。要去帮助别人达成目的，而不是达成自己的目的。当你可以帮助别人达成目的的时候，你的目的自然会达成。

沟通就是做听众。喜欢说话的人在人群里面大约占80%，喜欢听人说的人在人群里面大约只占15%。所以如果你真的想做好沟通，大家记住最有效的沟通就是倾听，那样你就可以同大多数的人良好沟通。那么做听众就是我们讲的第一个模式。但是现在的同学就是不愿意倾听。

沟通就是不断地为别人提供方便。沟通的第二个模式，一定要学会怎样不断地为别人提供方便，这个沟通就会有效。所以，好的沟通是你一定要为别人提供方便，然后才能把沟通做得好。还有一点，就是沟通不要形成定型，就是不能老用一个方法进行沟通。

6. 设计生活

我想，如果我们要把大学生活设计好，那么一个非常关键的点就是你要怎么设法激励自己。因为我们有时候会泄气，有时候会想不通，有时候你会觉得好像要放弃，所以一定要学会不断地激励自己。要激励自己的第一个概念就是要了解自己。今天的大学生不太了解自己，一种就是自我感觉良好，还有一部分正好是反的，就是完全对自己没有信心的，那种自卑型。这两个方向都是因为大家没有认真地了解自己。而你是一定要了解自己的。那到底怎么才算是真正的了解？

第一，自我评价；第二，他人对你的评价；第三，你认为别人对你的评价。如果以上三条是一致的，你就算是了解自己，如果以上三条是不一致的，你就不够了解你自己了。

弥补三大欠缺。对当代的学生而言，有三样东西是大家所缺少的。第一个缺少责任感；第二个是欠缺真正的自信；第三个欠缺的是对自己定位的理解，即作为学生的定位到底是什么？如果对这个定位的理解不清楚，我们就没有办法激励自己。

7. **设计行动**

做好成功的计划。大家一定要做成功的计划，把每一天、每一个学期、每一个课程、每一项活动，一定要按照成功的标准去做，不要得过且过，不要不求品质。[①]

网上精品视频课程

职业生涯规划导论

①陈春花．从现在出发：大学生的七项修炼．机械工业出版社，2011.

第二章　发现优势——职业自我认知

本章导图

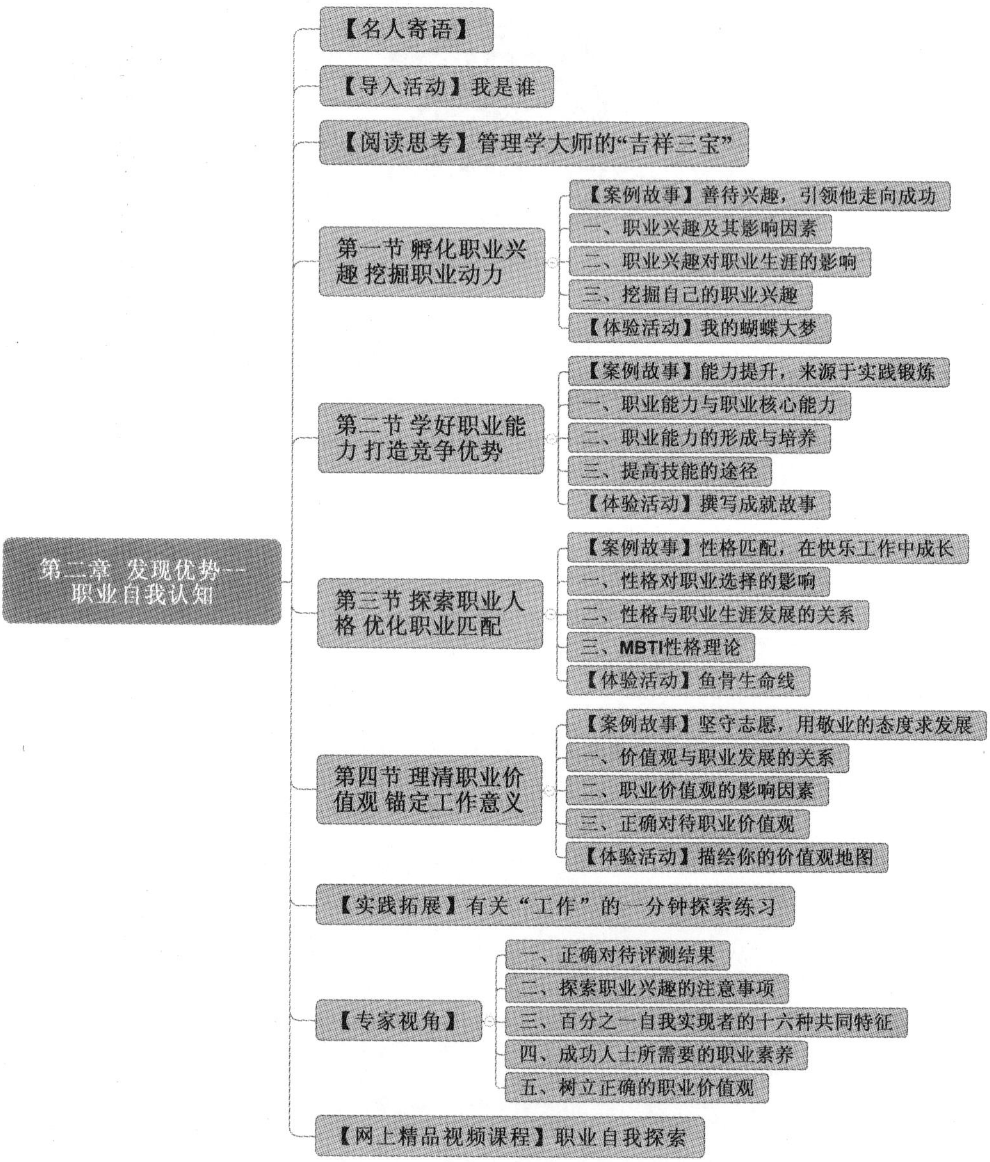

名人寄语

知道自己究竟想做什么，知道自己究竟能做什么是成功的两大关键。

——比尔·盖茨

导入活动

我是谁

首先按下面的格式写出10句“我是怎样的人”，要求尽量选择一些反映个人风格的语句，避免出现类似“我是一个男生”这样的句子。

1. 我是一个________________的人。
2. 我是一个________________的人。
3. 我是一个________________的人。
4. 我是一个________________的人。
5. 我是一个________________的人。
6. 我是一个________________的人。
7. 我是一个________________的人。
8. 我是一个________________的人。
9. 我是一个________________的人。
10. 我是一个________________的人。

请将陈述的10项内容作下列归属：

身体状况（属于你的体貌特征）编号：________________；

情绪状况（你常持有的情绪情感）编号：________________；

才智状况（你的智力能力情况）编号：________________；

社会关系状况（与他人的关系等）编号：________________；

其他方面编号：________________。

假如我是一种动物，我希望是__________，因为__________；

假如我是一位演员，我希望是__________，因为__________；

如果举行假面舞会，我愿意扮作__________，因为__________。

评估一下对自己的陈述是积极的还是消极的，列出的每句话的后面加“＋”或“－”。

加号表示“对自己肯定满意的态度”，减号则表示“对自己否定不满意的态度”。看看减号与加号的数量各是多少，如果加号的项目多于减号的项目，说明自我接纳状况良好；相反，则表示不能很好地接纳自己，这时需要内省一番，寻找问题的根源。

阅读思考

管理学大师的“吉祥三宝”

微软总裁比尔·盖茨曾说：“在所有的管理学书籍中，德鲁克的著作对我影响最深。”

《哈佛商业评论》写道：“彼得·德鲁克论述了管理的新范式如何改变和如何继续改变我们对管理实践和管理理论的基本认识。《21世纪的管理挑战》不乏远见卓识和超前思维，它集丰富的知识、广泛的实践经验、深邃的洞察力、精辟的分析和拨云见雾般的常识于一身，这些都是德鲁克著作的精髓和‘管理专业的里程碑’。”

这位管理学大师是如何认知自己的呢？请看他的“吉祥三宝”。

一、认识自己的长处

德鲁克认为，以前的人没有什么必要去了解自己的长处，因为一个人的出身就决定了他一生的地位和职业：农民的儿子也会当农民，工匠的女儿会嫁给另一个工匠等。但是，现在人们有了选择。人们需要知己所长，才能知己所属。

那么如何了解自己的长处呢？使用回馈分析法，即每当做出重要决定或采取重要行动时，可以事先记录下自己对结果的预期。9到12个月后，再将实际结果与自己的预期比较。每次使用都有意外的收获，例如，他发现自己对专业技术人员，不管是工程师、会计师还是市场研究人员，都容易从直觉上去理解他们，这令他大感意外。

回馈分析法并不是什么新鲜的东西。早在14世纪，这种方法由一个原本会永远默默无闻的德国神学家发明，大约150年后被法国神学家约翰·加尔文和西班牙神学家圣依纳爵分别采用。他们都把这种方法用于其信徒的修行，创立了主宰欧洲长达30年的教派：加尔文教会和耶稣会。

二、看清自己的工作方式

德怀特·艾森豪威尔担任欧洲盟军最高统帅时，一直是新闻媒体的宠儿。他的记者招待会以其独特的风格出名——不管记者提出什么问题，艾森豪威尔将军都从容地对答如流。无论是介绍情况，还是解释政策，他都能够用两三句言简意赅的话解释清楚。

十年后，艾森豪威尔当上了总统，当年曾对他十分崇拜的同一批记者，这时却公开瞧不起他。他们抱怨说，他从不正面回答问题，而是喋喋不休地胡侃着其他事情。他们总是嘲笑他回答问题时语无伦次，不合乎语法，糟蹋标准英语。

是什么让艾森豪威尔失宠的？对自己工作方式没有了解。他不知道自己属于读者型，而不是听者型。当他担任欧洲盟军最高统帅时，他的助手设法确保媒体提出的每一个问题至少在记者招待会开始前半小时以书面形式提交。这样，艾森豪威尔就完全掌握了记者提出的问题。

而当他就任总统时，他的两个前任都是听者型——富兰克林·罗斯福和哈里·杜鲁门。这两位总统知道自己是听者型的，并且都喜欢举行畅所欲言的记者招待会。艾森豪威尔可能认为他必须去做两位前任所做的事。可是，他甚至连记者们在问些什么都从来没听清楚过。

没有几个读者型的人可以通过努力变成合格的听者型——不管是主动还是被动的努力，反之亦然。

三、明确自己的价值观

20世纪初，德国驻英国大使是当时在伦敦所有大国中最受尊重的一位外交官。显然，他命中注定会承担重任，即使不当本国的总理，至少也要当外交部部长。然而，在1906年，他突然辞职，不愿主持外交使团为英国国王爱德华七世举行的晚宴。这位国王是一个臭名昭著的色鬼，并且明确表示他想出席什么样的晚宴。据有关报道，这位德国大使曾说："我不想早晨刮脸时在镜子里看到一个皮条客。"

这就是镜子测试的由来。人们所遵从的伦理道德要求他问自己：他每天早晨在镜子里想看到一个什么样的人？20世纪30年代中期，年轻时代的德鲁克，在伦敦做投资银行业务，工作非常出色。这项工作显然能发挥他的长处。然而他认识到自己更重视对人的研究。他认为，一生忙于赚钱、死了成为墓地中的最大富翁没有任何意义。尽管当时大萧条仍在持续，他还是辞去了工作。价值观是并且应该是最终的试金石。

文章节选自1999年的《哈佛商业评论》

思考题：

1. 作者（彼得·德鲁克）为你推荐了哪些自我认知的方法？
2. 请尝试描述自己的长处、工作方式、价值观。

第一节　孵化职业兴趣　挖掘职业动力

【案例故事】善待兴趣，引领他走向成功

赵岩，电子政务专业毕业，现就职于北京某报社，担任编辑和记者。他在工作中认真努力，取得了许多成绩。谈及在事业上有所成就的原因，他归结为是发现并善待自己的兴趣。

在校学习的日子里，赵岩就对传媒工作表现出了浓厚的兴趣。他积极参加传媒社团，加入学生会宣传部，主动承担班级、系的新闻宣传工作。实践中他积累了摄影摄像、编辑剪辑、新闻稿撰写等许多与传媒相关的职业技能。毕业前夕的实习阶段，他毅然放弃所学专业，选择到自己感兴趣的传媒单位进行锻炼。

正式入职后，赵岩全身心投入工作，先后参与策划了北京什邡两地中学生互动、北京中学生风采展示、香港东亚运动会北京地区学校火炬传递、中国顶级名校校长论坛等活动。此外，他还负责组织学生记者奔赴世博会、广州亚运会采访以及组织学生记者到国外进行采访。繁忙工作的同时，他依然积极主动抓住一切机会进行学习，动力正是源自内心对于传媒行业的热爱。

对于工作，他的经验是：

1. 每天都要脚踏实地，要认真对待每一项工作，要从工作中不断学习。

2. 为每一次机遇做好准备并全力以赴。

3. 做自己喜欢并且擅长的事情，工作就会是一件非常幸福的事。

问题：

1. 赵岩的兴趣是什么，他为自己的兴趣付出了哪些努力？

2. 你对什么感兴趣，做哪些事情会让自己的兴趣得到发展？

一、职业兴趣及其影响因素

职业兴趣是一个人探究某种职业或从事某种职业活动所表现出来的特殊倾向，是指人们对某种职业活动的关注程度，以及乐于从事某职业活动的积极而稳定的心理倾向，它使得一个人对某种职业给予优先的关注。

职业兴趣是人们职业生涯取得成功的重要推动力，浓厚的职业兴趣能够最大限度地调动人的潜能，使人长期专注于某一方向，并做出艰苦的努力，最终取得职业生涯的成功。

职业兴趣是以一定的素质为前提，在生涯实践过程中逐渐发生和发展起来的。它的形成与个人的个性、自身能力、实践活动、客观环境和所处的历史条件有着密切的关系，因此，职业规划对兴趣的探讨不能孤立进行，应当结合个人、家庭、社会等多方面因素来考虑。

影响职业兴趣的因素包括以下几个方面：

1. 个人需要和个性

兴趣是在一定需要的基础上，在社会实践中形成的，兴趣实际上是需要的延伸。关于需要的理论，心理学家有许多论述，其中较为著名的是美国心理学家马斯洛的需要层次论，他把人的需要分成生理需要、安全需要、社会需要、尊重需要和自我实现需要五个层次。不管人的兴趣是什么，都是以需要为前提和基础的，人们需要什么也就会对什么产生兴趣。一般来说人的生理需要或物质需要是暂时的，相对容易满足。而人的社会需要或精神需要是持久的、稳定的、不断增长的，例如人际交往、对文学和艺术的兴趣、对社会生活的参与等，是长期的、终生的，并且是不断追求的。由此可见，兴趣都是在需要的基础上产生的，也是在需要的基础上发展的。

2. 个人认识和情感

兴趣不足是与个人的认识和情感密切联系的。如果一个人对某项事物没有认识，也就不会产生情感，因而也就不会对它产生兴趣。同样，如果一个人缺乏某种职业知识，或者根本不了解这种职业，那么就不可能对这种职业感兴趣，在职业规划时也想不到。相反，认识越深刻，情感越丰富，兴趣也就越深厚。例如，有的人对集邮很入迷，认为集邮既有收藏价值，又有观赏价值，它既能丰富知识，又能陶冶情操，而且收藏得越多、越丰富，就越投入，情感越专注，就越有兴趣，于是就会发展成为一种爱好，并有可能成为他日后的职业选择。

3. 家庭环境

家庭作为最基本的社会单元，对个人的心理发展产生着重要的影响，家庭环境的熏陶对个人职业兴趣的形成也具有十分明显的导向作用。大多数人从幼年起就在家庭的环境中感受其父母的职业活动，随着年龄的增长，逐步形成对职业价值的认识，这就使得个人在职业选择时，不可避免地带有家庭教育的印迹。家庭因素对职业取向的影响，主要体现在择业趋同性与协商性等方面。一般情况下，个人对于家庭成员特别是长辈的职业比较熟悉，在职业规划和职业选择上会产生一定的趋同性，同时个人的生涯决策或多或少也会受家庭成员共同协商的影响。此外，父母的兴趣也会对孩子产生直接或间接的影响。

4. 受教育程度

个人接受教育的程度是影响其职业兴趣的重要因素。任何一种社会职业从客观上对从业人员都有知识与技能等方面的要求，而个人的知识与技能水平的高低在很大程度上取决于其受教育程度。一般意义上，个人学历层次越高，接受职业培训范围越广，其可选择的职业领域就越宽。

5. 社会因素

一方面，社会舆论对个人职业兴趣的影响主要体现在政府政策导向、传统文化、社会时尚等方面。政府就业政策的宣传是主导的影响因素，传统的就业观念和就业模式也往往制约个人的职业选择，而社会时尚职业则始终是青年人追求的目标。如当前计算机技术和旅游事业都得到较大发展，对这两个职业有兴趣的人也增加得很快。另一方面，兴趣和爱好是受社会环境和条件制约的，不同的社会环境、不同的文化氛围、不同的资源条件，会激发人们产生不同的兴趣和爱好。

6. 职业需求

职业需求是一定时期内用人单位可提供的不同职业岗位对从业人员的总需求量，它是影响个人职业兴趣的客观因素。职业需求越多、类别越广，个人选择职业的范围就越大。职业需求对个人的职业兴趣具有一定的导向性，在一定条件下，它可以转化个人的职业选择，或抑制个人不切实际的职业取向，也可引导个人产生新的职业取向。

另外，年龄的变化和时代的变化也会对人的兴趣产生直接影响。就年龄方面来说，少儿时期往往对图画、歌舞感兴趣；青年时期对文学、艺术感兴趣；成年时期往往对某种职业、某种工作感兴趣。它反映了一个人兴趣的方向随着年龄的增长、知识的积累在不断转移。就时代来讲，不同的时代、不同的物质和文化条件，也会对人们兴趣的变化产生很大影响。

二维码链接 职业兴趣大观园

二、职业兴趣对职业生涯的影响

由于兴趣爱好不同，人的职业兴趣也会有很大的差异。有人喜欢具体工作，例如，室内装饰、园林、美容、机械维修等；有人喜欢抽象和创造性的工作，例如，经济分析、新产品开发、社会调查和科学研究等。职业兴趣对职业生涯规划及职业选择的影响主要表现在以下四个方面：

1. 兴趣是职业选择的重要依据

爱因斯坦说过："兴趣是最好的老师。"兴趣是一种强大的精神力量，兴趣可以使人集中精力去获得喜欢的职业和知识并启迪智慧并创造性地开展工作。美国著名的职业指导专家约翰·霍兰德说过："虽然我们做了几十年的研究，但预测个人职业选择最有效的方法却是询问这个人自己想做什么。"

当一个人对某种职业发生兴趣时，他就能发挥整个身心的能动性，就能积极地感知和关注该职业的知识、动态，并且积极思考、大胆探索；就能情绪高涨、想象丰富；就能增强记忆效果，增强克服困难的意志。反之，"强按牛头不喝水"，是不会取得良好效果的，当然也就很难在该职业上发挥个人的优势、做出巨大贡献了。正像大学生们日常生活中喜欢从事自己感兴趣的活动一样，具有一定兴趣类型的大学生更倾向于寻找与此有关的职业，特别是在外界环境限制较小时，他们更倾向于选择自己感兴趣的职业。

2. 兴趣可以提高工作效率，充分发挥个人才能

一个人对某一方面的工作有兴趣时，枯燥的工作会变得丰富多彩、趣味无穷。兴趣使工作不再是一种负担，而是一种享受。因为兴趣可以调动人的全部精力，让人以敏锐的观察力、高度的注意力、深刻的思维和丰富的想象力投入工作，促进你能力的发挥，兴趣和能力的合理结合会大大提高工作效率。曾有人进行过研究：如果从事自己感兴趣的职业，则能发挥你全部才能的80%～90%，且长时间保持高效率而不感到疲劳；对所从事工作没有兴趣，只能发挥全部才能的20%～30%。

3. 兴趣是保证职业稳定、职场成功的重要因素

对某一职业有浓厚的兴趣，是智力开发的"孵化器"。兴趣是工作动力的主要源泉之一。对大学生来说，工作是自己感兴趣的，就愿意钻研，就容易出成绩——这正是兴趣的作用所在。一般来说，兴趣是大学生职业生涯适应的一个基本方面，它可以为职业生涯提供有效的信息。兴趣主要用于预测你的工作满意度和工作稳定性，工作满意度是职业生涯适应的一大标志。在其他条件相似的情况下，从事自己感兴趣的职业不但让自己感到满意，而且能够令工作单位感到满意，并使工作具有长期性和稳定性。

4. 兴趣可增强个人的职业适应性

把兴趣转化为工作技能或者培养新的兴趣，本身就是一种工作适应能力。广泛的兴趣还可以让人适应多变的环境，就算变换工作性质也能很快熟悉与适应工作。如要变换工作，只要自己感兴趣，就能够很快地学会这门工作，求职成功，并能够在新岗位很快地熟悉和适应工作。兴趣是心理上和情感上的动力和支撑力，在感兴趣的职业岗位上更容易取得工作成绩，一旦享受到成功的愉悦就会受到激励，从而更积极地参加职业活动，勇于排除干扰，提高职业水平，强化职业能力。另外，在工作中难免会遇到挫折和困难，但是在自己有兴趣的岗位上就会更加有勇气和决心面对挫折、解决困难。兴趣可以激发动力，把个人潜能最大限度地调动起来。通过付出艰苦的努力，来克服一切困难，坚定于自己的职业发展方向，最终取得职业成功。

职业兴趣是个体追求某种职业或从事某种职业的过程中表现出来的个性倾向。大学生在选择长期、稳定的职业生涯时，不仅需要知道自己有能力从事什么样的工作，更重要的是需要知道自己对哪类工作感兴趣。职业兴趣可以使个体在选择职业的过程中优先选择某些职业，它能够在职业定位和职业选择中产生巨大的影响，有助于发掘智慧、潜力，提高工作效率。

三、发掘自己的职业兴趣

职业兴趣一旦形成，便在生涯中具有一定的稳定性，但根据实际情况，大学生们还是可以通过多种途径去改变、规划和培养自己的职业兴趣。在培养职业兴趣时，可从以下几个方面努力：

1. 培养广泛的兴趣

具有广泛兴趣的人，不仅对自己职业领域的东西抱有浓厚的好奇心，而且对其他领域也有一定的憧憬和向往。这种人往往眼界比较开阔，解决问题时也可以从多方面得到启发，在职业生涯规划的选择上有较大的余地。相反兴趣范围窄、涉足面小的人，对新事物的适应性就要差些，在职业规划上所受的限制也多些。

2. 重视培养间接兴趣

直接兴趣是由于对事物本身感到需要时而产生的兴趣，间接兴趣则不是对事物本身的兴趣，而是对于这种事物未来的结果感到需要而产生的兴趣。同学们在最初接触某种职业时，往往对职业本身缺乏强烈的兴趣，所以必须要从间接兴趣着手培养，进而产生直接兴趣。可以通过了解职业兴趣在社会活动中的意义、对人类活动的贡献等方式以引起兴趣，还可以通过实践逐步提高间接兴趣。

3. 要有中心兴趣

大学生的兴趣应广泛，但不能浮泛，要学会培养中心爱好。既广泛又有重点，才能学有所长，获得更多的知识。如果只具广泛性而无中心性的职业兴趣，往往会产生对知识了解肤浅的现象，没有确定的职业规划方向，心猿意马，这样难以有所成就。所以，还应着重培养自己在某一方面的职业兴趣，促进自身发展成才。

4. 积极参加职业实践

同学们只有通过职业实践，才能对职业本身有深刻的认识和了解，才能激发自己的职业兴趣。职业实践活动内容十分丰富，其中包括生产实习、社会调查、参观访问以及组织兴趣小组等。每一个人都可以通过参加各种职业实践活动调节和培养兴趣，根据社会和自我需要，有意识地去培养和发展兴趣，为事业的成功创造条件。

5. 客观评价自己的能力来确定职业兴趣

对某项职业有浓厚的兴趣是成功的前提，但事业要取得成功也必须具备该职业所要求的能力。因此大学生在培养职业兴趣的同时也要客观评价自己的能力，看自己是否适合某种职业，在此基础上形成的职业兴趣才是长久的、可规划利用的。

二维码链接 深度剖析职业兴趣与能力倾向

体验活动

我的蝴蝶大梦

不用考虑现实的可能性，同学们需要放下现在所有的角色，让自己的思绪离开现在的座位，飞出教室，思维无限发散，可以从历史到现在再到未来，从古典文学到传统文化，从电视历史人物到现代商业名人，请大家展开想象，尝试5～10种吸引你的截然不同的职业或人生。

完成后在每个职业或人生后面写上吸引你的原因。

可否分类？

具有哪些共同点？找出关键词、共性。

说明什么？

在现实世界中寻找具有这些特征的职业。

职业或人生	吸引你的原因
例：教师	稳定，社会地位，收入，受人关注

例：马云　　　　　　　　　　财富，独立，智慧，影响力

1. ______________________________

2. ______________________________

3. ______________________________

4. ______________________________

5. ______________________________

6. ______________________________

7. ______________________________

8. ______________________________

9. ______________________________

10. ______________________________

感悟：通常我感兴趣的职业特质有哪些？

____

____

活动小结：

兴趣的情绪体验：“物我两忘”。

美国芝加哥大学心理学教授米哈里·契克森米哈赖（积极心理学奠基人之一）发现：当人们在专心致志地、积极地参与从事某种活动、忘记了时空和自己的时候，他们感到最为愉快和满足。他将这种状态称为“FLOW”（心流）——“专注”“忘我”的状态。

请大家保持住这种感觉！保持这种产生愉快而又紧张的心理状态，这种幸福的状态。

第二节　学好职业能力　打造竞争优势

【案例故事】能力提升，来源于实践锻炼

肖利，教育信息技术专业毕业，现就职于北京某教育基地，任多媒体部编导。他在工作中专注认真、勤于思考，勇于实践，工作以来，取得了不少佳绩。

在校学习时，肖利的成绩一直比较优异。但他从不止于此，他认为在大学期间，不能只局限于考试，在学好专业知识的同时，要积极参加各项实践活动。大学期间，他主动参加到学校电视台的相关工作中，通过实际操作，将理论与技能真正付诸实践。担任学生干部时，他积极筹划、参与各种活动，这使他的组织、沟通能力不断增强，综合素质显著提升。这些都为他之后的职业道路打下了坚实的基础。肖利认为，认真参与课堂学习，是为了解和掌握专业理论知识；积极投身实践活动，是为检验和练习专业技能。只有具备了扎实的理论功底和娴熟的专业技能，知行合一，才能在职业道路上越走越远。

肖利在选择工作岗位时也摸索出不少经验。他认为，从投递简历开始，就要认真思考

自己的工作方向，为职业生涯顺利发展奠定基础；学会与人沟通，让用人单位充分了解你的能力，才会拥有更多的选择机会。

在职场中摸爬滚打的这些年，让肖利越发体会到：能力的积累源于践行。只有将学到的理论知识应用于真枪实弹的实践锻炼中，才能不断发挥专业优势，不断拓宽自己的职业生涯舞台。

问题：

1. 在校期间，肖利都培养出了哪些能力，这些能力是如何得到的？
2. 三年后，你希望自己具备哪些能力，准备怎样培养这些能力？

一、职业能力与职业核心能力

（一）职业能力

职业能力是人们从事职业活动完成职业任务的成效和本领。

在我国人力资源与社会保障部《国家技能振兴战略》的研究课题中，首次把人的能力按职业分类规律分成了三个层次，即职业特定能力、行业通用能力和职业核心能力。

职业特定能力是每一种职业自身特有的，它只适用于这个职业的工作岗位，适应面很窄；但有一个职业就有一个特定的能力，按国家职业分类大典划分的职业有 2 000 多个，所以特定能力的总量是最大的。

行业通用能力是以社会各大类行业为基础，从一般职业活动中抽象出来可通用的基本能力，它的适应面比较宽，可适用于这个行业内的各个职业或工种，而按行业或专业性质不同来分类，通用能力的总量显然比特定能力小。

职业核心能力是从所有职业活动中抽象出来的一种最基本的能力，普适性是它最主要的特点，可适用于所有行业的所有职业，虽然世界各国对核心能力有不同的表述，相比而言它的种类还是最少的。见图 2-1：

（综合）职业能力（树）
- 职业特定能力（岗位特殊专业能力）（叶）
- 行业通用能力（枝）
- 职业核心能力（支柱）
  - 职业方法能力（个人）
    - 自我学习
    - 信息处理
    - 数字应用
  - 职业社会能力（对外）
    - 与人交流
    - 与人合作
    - 解决问题
    - 创新能力
    - 外语能力（托业英语）

图 2-1　职业能力的“树干支撑”模型

职业能力结构各层次之间的关系好像一棵大树，核心能力像是大树的主干，通用能力是主干上的分枝，特殊能力是分枝上的树叶。树干支撑模型形象说明职业能力结构相互支撑的关系。

职业核心能力在人的发展中是一种最基础的和最重要的能力，它在人的能力体系中是处于核心地位的能力，在能力金字塔中职业核心能力位于最关键的核心层次，是职业特定能力和行业通用能力的基础，它承载着职业特定能力和行业通用能力并有效地促进它们的发展。

在每一个人的职业生涯中职业特定能力的培养是实现就业的基本功，行业通用能力的培养是具备工作能力的必要条件，而职业核心能力的养成是把每一个人培养成现代职业人——能力人的保证。

（二）职业核心能力

职业核心能力是人们职业生涯中除岗位专业能力之外的基本能力，它适用于各种职业，是伴随终身的可持续发展的能力。有的国家又叫“关键能力”（如德国、澳大利亚）或“基本能力”（如美国），可分为职业方法能力（如“自我学习”“信息处理”“数字应用”）和职业社会能力（“与人交流”“与人合作”“解决问题”“创新”等）类型。

在职业领域中，核心能力的特征是：当职业发生变更或者当劳动组织发生变化时，劳动者所具备的这种能力依然存在，它使劳动者能够在变化的环境中很快地重新获得所需要的职业技能和知识。

1998 年，我国人力资源和社会保障部在《国家技能振兴战略》中把职业核心能力分为：自我学习、数字应用、信息处理、与人交流、与人合作、解决问题、革新创新、外语应用等八项内容。

1. 自我学习

它是指在工作活动中，能根据工作岗位和个人发展的需要，确定学习目标和计划，灵活运用各种有效的学习方法，并善于调整学习目标和计划，不断提高自我综合素质的能力。它是从事各种职业必备的一种方法能力。自我学习能力以终身学习为主要特点，以各种学习方法和良好的学习习惯为手段，以学会学习为最终目标。

自我学习能力

自我学习不是学习计划

没有什么比学会学习更重要

◆学习的关键不在结果在过程

◆学习的效果不在内容在方法

◆学习的技巧不在技术在感悟

像开发你的左脑一样开发右脑

2. 数字应用

它是指根据实际工作任务的需要，通过对数字的采集与解读，计算及分析，并在计算结果的基础上发现问题并做出一定评价与结论的能力，是日常生活以及从事各种职业必备的方法能力。数字应用能力以数字信息为媒介，通过对数字的把握和数字运算的方式，来说明和解决实际工作中的问题。

数学应用能力

数字应用不是解数学应用题
工作中无所不在的数字问题
◆数学水平高低与数感无必然关系
◆数学处理技术不是最重要的
◆要善于发现工作中的数字问题
不要数字问题的解决要解决问题的数字

3. 信息处理

它是指根据职业活动的需要，运用各种方式和技术，收集、开发和展示信息资源的能力，是日常生活以及从事各种职业必备的方法能力。信息处理能力以文字、数据和音像等多种媒体为基础，以文件处理、计算机、网络通信等技术为手段，以适应工作任务的需要和实际问题的解决为目的。

信息处理能力

信息处理不是 IT
工作中的事无不是信息处理
◆信息处理技术仅是一个手段而已
◆重要的是找到工作中有效的信息
◆信息应用比信息处理重要一百倍
做信息的主人让信息为我所用

4. 与人交流

它是指在与人交往活动中，通过交谈讨论、当众讲演、阅读并获取信息以及书面表达等方式来表达观点、获取和分享信息资源的能力，是日常生活以及从事各种职业必备的社会和方法能力。与人交流能力以汉语为媒体，在听、说、读、写技能的基础上，通过对语言文字的运用，以促进合作和完成工作任务为目的。

与人交流能力

与人交流不仅是要口才和文才
与人交流能力决定事业的成败
◆职场需要一定的口才和文才
◆熟悉业务才能做到交流自如
◆实战条件下才能学会真本领
与人交流是一种职业行为和素质

5. 与人合作

它是指根据工作活动的需要，协商合作目标，相互配合工作，并调整合作方式不断改善合作关系的能力，它是从事各种职业必备的社会能力。与人合作能力是在个人与他人、个人与群体的条件下，通过与人交流的方式，并结合其他有关方式或手段，以促进工作任务的完成和实际问题的解决为目的。

与人合作能力

与人合作不是为了合作而合作
有人的活动就有与人合作
◆合作是职业活动的重要手段
◆合作行为要符合工作的目的
◆合作的过程与工作过程同步
工作任务的成果就是合作的成果

6. 解决问题

它是指能够准确地把握事物的本质，有效地利用资源，通过提出解决问题的意见，制定并实施解决问题的方案并适时进行调整和改进，使问题得到解决的能力。它是从事各种职业活动都需要的一种社会能力。解决问题能力所采用的技术和方法没有特别的限定，以最终解决实际问题为目的。

解决问题能力

解决问题不是执行任务

只有问题解决了才能体现出能力

◆问题存在于非常规和突然事件

◆有办法却没有特定的技术手段

◆解决问题的关键在反复的实践

解决问题的能力在做不在说

7. 革新创新

它是指在工作活动中，为改变事物现状，以创新思维和技法为主要手段，通过提出改进或革新的方案，勇于实践并能调整和评估创新方案，以推动事物不断发展的能力。它是从事各种职业特别需要的一种社会和方法能力。创新能力需要有积极创新的精神和专门的创新技法，同时又不限定任何可采用的技术和方法，创新能力的运用范畴没有极限，以不断推动事物的发展为宗旨。

8. 外语应用

在实际工作和交往活动中以外国语言为工具与人交流的能力。

二维码链接 通过实践形成就业竞争力

二、职业能力的形成与培养

1. 知识的学习

知识的学习是职业能力形成和发展的第一个阶段，在这个阶段中，新信息进入短时记忆，与来自长时记忆的原有知识建立一定的联系，并纳入原有的命题网络，从而得到理解。个体通过类属、归纳及并列结合等内在同化过程获得知识，并且运用记忆规律促进知识的保持，用所学知识解决类似或同类课题，做到了知识的迁移。

2. 技能的学习

技能是指个体在特定目标指引下，通过练习而逐渐熟练掌握的对已有的知识经验加以运用的操作程序。技能的学习要以程序性知识的掌握为前提，一般通过感性认识（看或听）、模仿（学习）、练习反馈等过程由不会到会再到熟练，从而达到自动化式的定型。

3. 态度的培养

个体对职业不同的态度决定着个体不同的认识和情感，而且还会影响个体在职业中的不同表现，态度不是先天就有的，而是社会性学习的结果。在家庭、社会和学校等不同情境的作用下，通过他人的社会示范、指示或忠告，将社会的要求内化为学生自己的态度，并会在一定条件下产生迁移和改变。

4. 知识、技能、态度的内化迁移与整合

知识、技能、态度等的掌握以及应用，并不等于已具备了职业能力。学生职业能力的形成和发展，必须参与特定的职业活动或模拟的职业情境，通过对已有的知识、技能、态度等的类化迁移，并得到特殊的发展与整合，才能形成职业能力。

三、提高技能的途径

1. 课内学习

课内学习为学生培养专业技能创造了良好条件。学生要充分利用学校的各种资源，积极培养自身的专业技能，为成就未来的事业打下坚实的基础。

（1）主动参与课堂教学

课堂教学是大学生在校学习的主要形式。学生应主动参与到课堂中的讨论、练习（包括口头、书面）、实际操作（模仿性的和创造性的）等活动中去，深刻感受知识的内在美，逐步养成良好的习惯，不断提升自己的专业能力。

（2）广泛参加“第二课堂”

“第二课堂”是指课外的各种学习和实践活动。这一领域的开辟，对学生就业起到了很好的推动作用。学生应积极参加到各种“第二课堂”中去，如学术讨论会、读书报告会、朗诵、演讲、写作、书法等，并在此基础上，根据自己的爱好和特长，积极参与各种社团活动。学生可以充分发挥自身的主动性、独立性和创造性，可以有意识地从事业和未来的工作需要出发培养和锻炼自己。

2. 课外培养

对于同学们来说，要将技能的提高放到实践活动中去，从实际工作对知识或只是环境的需求去寻找相应的知识与能力。现在获取知识的方式有很多种。互联网的进一步发展，为学习者提供了非常广阔的学习平台；课外活动可培养发现问题和运用专业知识解决问题的能力。掌握了学习课本以外知识的方法与途径，具备了分析和解决问题的能力，通过课外实践活动的锤炼，技能会在点滴之间得以积累。

提高大学生技能的课外途径主要有：

（1）积极争取和充分利用各种实习机会，选择与职业目标相对应的行业及岗位实习。

（2）积极参加社会实践活动，参与专业技能大赛、教师的科研项目等活动。

（3）参加职业技能培训。

体验活动

撰写成就故事

请写下生活中令你有成就感的具体事件，然后对其进行分析，看看你在其中使用了哪些技能（尤其是可迁移技能）。

这些“成就事件”不一定是工作或学习上的，也可以是课外活动或家庭生活中发生的。比如同学聚会、一次美好而难忘的游览等等。

不必是惊天动地的大事，只要符合以下两条标准，就可以被视为“成就”：一是你喜欢做这件事时体验到的感受；二是你为完成它所带来的结果感到自豪。

撰写成就故事应当包含的四要素：

1. 目标。即需要完成的事情。

2. 你面临的障碍、限制或困难。

3. 你的具体行动步骤。即你是如何一步步克服障碍、达成目标的。

4. 对结果的描述。即你取得了什么成就。最好能够量化评估（用某种方法衡量或以数据说明）。

____

____

____

____

现在分析这些成就事件，在其中你都使用了一些什么样的技能。

____

____

____

____

最后看在这些故事中是否有重复出现的技能，它们就是你喜爱施展也擅长的技能。

____

____

____

____

将这些技能按优先次序加以排列。

____

____

____

____

第三节 明确职业性格 优化职业匹配

【案例故事】性格匹配，在快乐工作中成长

王一然，食品营养与文化专业毕业，曾就职于北京某通信公司，负责人力资源、团队管理及企业文化等工作，现就职于某高校培训部门。王一然对工作热情始终如一，十年的工作积累与沉淀，让她在工作岗位上游刃有余，出色的工作表现让她赢得了领导和同事的一致好评。

刚毕业时，王一然也像其他同学一样，对未来很是迷茫，不知道该找一个什么样的工作。因为所学专业的就业选择范围比较窄，专业对口单位更是少之又少；最重要的是在专业学习过程中，她觉得，自己的性格独立、活泼、开朗，喜欢与人沟通，有耐心又很机智，与所学专业对口岗位要求不太匹配，因此她有些犹豫，不知如何选择。在与老师、家人和朋友的多次交流基础上，她给自己制定了三个找工作的标准：第一，自己能够胜任；第二，在工作中可以学习和成长；第三，符合自己的性格特点。王一然很快找到一份在北京某通信公司客服部的工作，这份工作让她如鱼得水，性格优势在工作中得到充分彰显，比同期的同事表现更突出、业绩更理想，受到领导更多的认可和关注。她在三年时间内连跳两级，成为公司有史以来最年轻的主管。

随着个人成长和环境变迁，王一然的性格也在不断发生变化，她希望有更多近距离、深层次与不同的人交流、学习的机会，同时也不断积累人脉。客服主管职位显然已不能满足她的需求，于是在担任主管工作五年后，她应聘到一所高校培训部门担任各种培训班的班主任。这份工作充分发挥了她善于与人沟通交流的性格特点，工作环境也满足了她希望不断学习、提升的愿望。现在，她每天都在享受着工作带来的乐趣和满足感，同时也在继续成长。

王一然的工作经历告诉我们：寻找人生的第一份工作时，一定优先考虑自己的性格特征和能力。在工作中能胜任、有发展是树立自信的关键，而这又是建立在性格和能力与工作要求契合的前提下。

问题：

1. 王一然的性格对其职业选择和发展有哪些影响？
2. 你了解自己的性格特征吗？为将来的职业选择准备做哪些性格上的准备？

一、性格对职业选择的影响

职业心理学研究表明，性格影响着一个人对职业的适应性，一定的性格适合于从事一定的职业，同时，不同的职业对人有不同的性格要求。因此在选择职业时，还要考虑自己

的职业性格特点，考虑职业对人的性格要求，根据自己的性格特点选择最易适应的职业，或改变自己的性格特点来适应职业的要求。

职业心理学家勃兰特曾经做过一个实验。他追踪调查了一批大学毕业生，将他们的性格、在校学习成绩、智力与他们毕业五年后的收入做了一下比较，结果显示：事业成功和智力的相关度是0.18，和学习成绩的相关度是0.32，与性格的相关度是0.72。这个实验证实了事业成功与否与个人的性格是否适合此项事业的关联度最高。也就是说，当一个人所做的工作与自己的性格越契合，他事业成功的可能性越大。

研究表明，性格影响着一个人对职业的适应性，一定的性格适合于从事一定的职业，同时，不同的职业对人有不同的性格要求。如表2-1所示。

表2-1　不同性格对职业的影响

性格类型	性格特征	适合的职业
变化型	在新的或意外的情境中感到愉快，喜欢有变化和多样化的工作，善于转移注意力。	记者、推销员、演员等
重复型	善于从事连续工作，按固定的步骤办事，喜欢重复的、有规律的、有标准的工作。	纺织工、机床工、印刷工等
服从型	愿意配合别人或按别人指示办事，而不愿意自己独立做出决策，承担责任。	办公室职员、秘书、翻译等
独立型	喜欢计划自己的活动和指导别人活动或对事情做出决定，喜欢独立负责的工作情境。	管理人员、律师、警察等
协作型	在与人协同工作时感到愉快，善于引导别人，并想得到团队成员的喜欢。	社会工作者、咨询人员等
机智型	在紧张或危险情况下能自我控制，发生意外时不慌不忙，善于应对并完成任务。	驾驶员、飞行员、公安员、消防员等
表现型	喜欢表现喜好和个性，根据个人感情做出选择，通过工作来表达自己的思想。	演员、诗人、音乐家、画家等
严谨型	注重工作过程中各个环节、细节的精确性。愿意按规程和步骤工作，严谨，追求完美。	会计、出纳员、统计员、校对员、图书档案管理员等

二、性格与职业生涯发展的关系

每个人都有着不同的做事方式，即形成每个人不同的做事习惯，这不同的习惯成就了每个人不同的性格。“性格决定命运。”性格对职业的选择以及职业生涯的成功有着重大的影响。

许多职业的确对性格有着特定的要求，要选择某一职业就必须具备这一职业所要求的性格特征。比如律师这一职业，就需要有逻辑思维严密、喜欢独立思考的性格；而财会、统计、档案一类的职业则需要有相对严谨、踏实的性格；从事绘画、音乐、演艺等职业的人，则必须是具有热情奔放、跳跃思维的性格。可以说，从事任何一种职业都需要与之匹配的职业性格，相符的职业性格有助于更好地完成工作。

当然除了少数职业对性格类型有着近乎苛刻的严格要求外，大多数职业并不一定过分强调性格与职业之间的严格对应。因为不同的性格类型可能在同一个职业领域发挥出不同的作用，而同一性格类型的人在不同的职业领域也可能会出现各具特色的表现。

性格特征与生涯规划的关系是很密切的，所以要规划自己的职业生涯，首先需要了解自己具有什么样的性格特征。

二维码链接 性格与职场

三、MBTI性格理论

MBTI全称Myers-Briggs Type Indicator，是一种迫选型、自我报告式的性格评估工具，用于衡量和描述人们在获取信息、做出决策、对待生活等方面的心理活动规律和性格类型。它以瑞士心理学家Carl Jung的性格理论为基础，由美国的Katherine C Briggs和Isabel Briggs Myers母女共同研制开发。

MBTI从四个维度考察个人的偏好倾向，以区分人与人之间的差异，这四个维度为：

1. 精力支配：Extraversion（E） vs. Introversion（I）
   外向 内向
2. 接受信息：Sensing（S） vs. Intuition（N）
   感觉 直觉
3. 判断事物：Thinking（T） vs. Feeling（F）
   思考 情感
4. 行动方式：Judging（J） vs. Perceiving（P）
   判断 知觉

其中两两组合，可以组合成16种性格类型，如表2-2所示。

表 2-2　MBTI 性格类型与匹配的职业

ISTJ 内倾感觉思维判断 稽查员	ISFJ 内倾感觉情感判断 保护者	INFJ 内倾直觉情感判断 咨询师	INFP 内倾直觉情感知觉 治疗师、导师
ESTJ 外倾感觉思维判断 督导	ESFJ 外倾感觉情感判断 供给者、销售员	ENFJ 外倾直觉情感判断 教师	ENFP 外倾直觉情感知觉 倡导者、激发者
ISTP 内倾感觉思维知觉 操作者、演奏者	ISFP 内倾感觉情感知觉 作曲家、艺术家	INTJ 内倾直觉思维判断 智多星、科学家	INTP 内倾直觉思维知觉 建筑师、设计师
ESTP 外倾感觉思维知觉 发起者、创设者	ESFP 外倾感觉情感知觉 表演者、演示者	ENTJ 外倾知觉思维判断 统帅、调度者	ENTP 外倾直觉思维知觉 企业家、发明家

MBTI 性格类型系统中有四种性格倾向组合，这四种组合是：

1. 直觉＋思考＝概念主义者

比尔·盖茨

阿伯特·爱因斯坦

玛格丽特·撒切尔

图 2-2　概念主义者

概念主义者自信、有智慧、富有想象力。他们的原则是所有的事情都要做到最好。他们天生好奇，喜欢不断地吸取知识，能够看到同一问题的多个不同方面，习惯于全面地思考问题和一分为二地看待问题，从而对真实或假设的问题构思出解决方案。

概念主义者是四种类型中最独立的一种人。他们工作原则性强，标准高，对自己和对别人的要求都很严格。他们不会被别人的冷遇和批评干扰，喜欢以自己的方式做事。

概念主义者喜欢能提供自由、变化和需要有较高的智力才能完成的工作。他们喜欢看到自己的想法能够得到实施，喜欢与有能力的上司、下属、同事共事。许多概念主义者推崇权力，易于被有权力的人和权力地位所吸引。

【案例】

当比尔·盖茨还只有十三岁的时候，就对学校的那台新电脑产生了浓厚兴趣。他逃掉数学课，偷偷溜到机房，沉浸在电脑编程的世界里。就是在这一年，他第一次编程出一个能让人和电脑一同游戏的小软件。机器对他来说仿佛是有魔力的。上机的时间对每个学生是有限的，他就和几个同学在电脑里植入 bug，让上机次数变成无限。当学校管理人员发觉到他的才华之后，他开始为学校编写程序，给学生安排班级。他还偷偷改进程序，把自己安排到女生最多的班级去。后来他以极其优异的成绩从中学毕业，进入哈佛大学。他编写的算法解决了一个一直难以解决的编程问题，运算速度记录保持了三十多年。在哈佛读书的那段时期，他一直没有非常明确的专业计划，而是把大部分时间都投入到研究电脑里去。后来，他在大三的时候，看到了软件行业的广阔前景，说服父母支持自己辍学创业。并在一年之后发布震惊当时 IT 业的《致爱好者的公开信》，提出软件的知识产权保护。从此，比尔·盖茨在复杂的软件世界里如鱼得水，天马行空，并长期占据世界富人前列的位置。同时，一个伟大的公司慢慢崛起，那就是我们熟知的微软。

比尔·盖茨就是一个典型的概念主义者。

2. 感觉＋感知＝经验主义者

迈克尔·乔丹

玛丽莲·梦露

帕布洛·毕加索

图 2-3 经验主义者

经验主义者关注五官带给他们的信息，而且相信那些可以测量和证明的东西；同时喜欢面对各种各样的可能性，喜欢自由随意的生活方式，是反应灵敏和自发主动的一种人。

经验主义者是四种类型中最富冒险精神的。他们最可贵的地方在于机智多谋，令人兴奋，而且很有趣。他们为行动、冲动和享受现在而活着，一想到某件事情就有立即去做的冲动，而且喜欢一气呵成，一口气把事情做完；但又不喜欢太长时间做同一件事情。

经验主义者喜欢可以提供自由、变化和行动的工作，喜欢那些能够有及时效果的工作，他们以能够巧妙而成功地完成工作为乐。由于他们喜欢充满乐趣的生活，无论做什么必须让他们感到高度的乐趣，这样才能令他们感到满意。

【案例】

“迷惘一代”的代表作家海明威曾经说：“不要害怕尝试每一件事情。有时候我想，我们只是用了一半的生命活在这个世界上，而意大利人却是在尽最大的努力生活着。”在海明威六十二年的生命中，他一直努力尝试做好每一件事情。他曾在佛罗里达州和古巴享受安静的田园生活，也曾奔波于二战前线。他把自己的游艇改装成巡逻艇侦查德国潜艇的情报；他当过救护车的司机，把巧克力和香烟送上战场前线；他曾因为双腿严重受伤在医院躺了六个月；他练过拳击；在帕姆普鲁纳与公牛赛跑；在西林盖提平原上捕猎过狮子和野牛；在美国爱达荷州捕捞过鳟鱼和马林鱼；滑过雪，玩过帆船；从伦敦的车祸、西珊瑚岛的暴风雨和非洲的两次空难中数次死里逃生。他不仅仅是个小说家，写出影响了整整一代人和几代人的故事，获得了诺贝尔文学奖，给世人留下了《永别了，武器》《老人与海》《丧钟为谁而鸣》等不朽之作，开了一代文风；他还是一个勇敢的战地记者，将数百篇报道和新闻送到后方。他笔下的人物常有的形象是“硬汉”，在面对外界的巨大压力和厄运的打击时，仍然坚强不屈，勇往直前，甚至视死如归。他们可能最后还是失败了，但是却保持了人的尊严和勇气，有着胜利者的风度。他的作品中洋溢着对生活的热爱，和对年轻人迷惘和痛苦的安抚。他说过这样一句话：“一个人并不是生来要给打败的，你尽可以把他消灭掉，但你打败不了他。”

海明威就是一个典型的经验主义的艺术创造者。

3. 直觉＋情感＝理想主义者

列　宁

夏洛蒂姐妹

甘　地

图 2-4　理想主义者

理想主义者感兴趣的是事物的意义、关系和可能性，并基于其个人的价值观念做出决定。他们做人的原则是：真实地面对自己。

理想主义者是四种类型中精神上最具哲理性的人，乐于接受新的思想，善于容纳他人。他们非常崇尚人与人之间和各种关系中的真实和正直，容易将别人理想化。

对理想主义者而言，一份好工作应该是对他们个人很有意义的工作，而不是简单的常规工作或只是一种谋生手段。他们喜欢民主、能够激励各种层次的人们高度参与的组织，会被那些促进人性价值的组织或那些允许他们帮助别人完成工作的职业所吸引。

【案例】

乔布斯是一个让大家又爱又恨的天才。他在公司里经常莫名其妙地愤怒，以至董事会中有一位成员不插手任何其他事务，专门负责帮助处理乔布斯的人际关系。他的员工很委屈，只要产品不能达到他完美的期望，就会被劈头盖脸地大骂一通。员工只要和他碰巧坐了同一个电梯就会提心吊胆。他永远不愿意改变自己的形象，无论是去公司上班还是和总统吃饭，他都一身黑毛衣和牛仔裤，显得特别格格不入。硅谷是创业者云集的地方，可他和大部分创业者都玩不到一块儿去，比较孤僻。他一度拒绝承认和自己的第一个女儿 Lisa 的关系，甚至声称自己毫无生育能力，不提供女儿的抚养费。甚至还有传闻说他从来不给自己的车上牌照，还总是占用残疾人车位，被拖车无数次。

但是，他无异于是一个教主。每一次苹果的产品发布会都由他亲自演示，每一个苹果的新闻都能激起轩然大波。如果其他公司和品牌的市场宣传算是优秀的话，苹果的市场宣传和公关造势则算是卓越的。每一次苹果的新产品上市，都有人提前一晚上通宵在苹果店门前排队等候。甚至很多年轻人都在自己身上文上苹果的标志，以示对苹果的忠诚。他对产品的完美和简洁的追求永无止境。他甚至会走进一个部门，一声不吭地拿起笔在白板上画出一个方框，说，这个产品就是要这么简洁方便，把需要处理的东西拽进框内，一切就搞定了，不要其他多余的复杂的程序。毋庸置疑，没有乔布斯，就没有苹果的今天。

乔布斯是一个典型的理想主义者。

4. **感觉＋判断＝传统主义者**

乔治·布什

乔治·华盛顿

维多利亚女王

图 2-5　传统主义者

传统主义者相信事实、已证实的数据、过去的经验和“五官”所带给他们的信息，喜欢有结构有条理的世界，喜欢做决定，是一种既现实又有明确目标的人。

传统主义者是四种类型中最传统的一类。他们重视法律、秩序、安全、得体、规则和本分。他们尊重权威、等级制度和权力，而且一般具有保守的价值观。他们很有责任感，而且经常努力去做正确的事情，这使他们可以信赖和依靠。

传统主义者需要有归属感，需要服务于别人，需要做正确的事情。他们注重安稳、秩序、合作、前后一致和可靠，而且严肃认真，工作努力。他们在工作中对自己要求十分严格，而且希望别人也是如此。

【案例】

苏联有个名叫亚历山大·亚历山德罗维奇·柳比歇夫的教授。他生前发表了七十来部学术著作。各种各样的论文和专著，他一共写了五百多印张，等于一万二千五百张打字稿。即使以专业作家而论，这也是个庞大的数字。他的知识面很广，比如谈起英国的君主制度，他能够说出任何一个英国国王临朝秉政的细节；说到宗教，不管是古兰经、犹太传经，还是罗马教廷的源流、马丁·路德的学说、毕达哥拉斯学派的思想……他都如数家珍。他博学精深，但他又是每一个狭隘领域的专家。单单把地蚤分类这一项，工作量就颇为可观：到一九五五年，柳比歇夫已搜集了三十五箱地蚤标本，共一万三千只。其中五千只公地蚤做了器官切片。总计三百种。这些地蚤都要鉴定、测量、做切片、制作标本。他收集的材料比动物研究所多五倍。他对跳甲属的分类，研究了一生。

是什么造就了这样不可思议的成就？

翻开柳比歇夫的日记，一切变得明晰。他从一九一六年开始记日记，一天也没有间断过。其实那可以不算是日记，而是一个个时间明细账：

乌里扬诺夫斯克。一九六四年四月七日。

分类昆虫学（画两张无名袋蛾的图）：三小时十五分钟

鉴定袋蛾：二十分钟（1.0）

附加工作：给斯拉瓦写信，二小时四十五分钟（0.5）

社会工作：植物保护小组开会，二小时二十五分钟

休息：给伊戈尔写信：十分钟

《乌里扬诺夫斯克真理报》：十分钟

列夫·托尔斯泰的《塞瓦斯托波尔纪事》：一小时二十五分钟

…………

基本工作合计：六小时二十分钟。

从一九一六年到一九七二年他去世的那一天，五十六年如一日，他以五分钟为单位，一丝不苟地记下他所有的时间支出。他能精确地计算出任何一项研究和工作花费了他多少时间，在《论生物学中运用数学的前景》一文的手稿的最后一页，他写着：

准备（提纲、翻阅其他手稿和参考文献）：十四小时三十分钟；

写：二十九小时十五分钟；

共费：四十三小时四十五分钟共八天；

一九二一年十月十二日至十九日。

柳比歇夫就是传统主义者的代表。

体验活动

鱼骨生命线

鱼骨图原本用于生涯规划及管理。鱼眼，表示原点，即出生时刻及出生地；鱼头，呈现三角形，代表人出生后0～3岁的发展迅速的阶段；鱼尾，表示职业生涯结束后，生命逐渐老去的部分；鱼尾尖，表示生命的终点。

填涂说明：

1. 请你在生命的圆点上写上出生日期和0岁。再请你根据自己的健康状况、家族的健康状况和你所生活地域的平均寿命来预测自己和世界说再见的时间，并标注在箭头的终点上。

2. 请找出今天你的位置，用一个自己喜欢的标记表示在生命线上，并写上今天的日期和年龄。

3. 请你进一步仔细回忆过去，以生命线上的时间点为初始点，标出过去影响你最大或令你最难忘的5件事：积极影响事件鱼刺朝上，消极事件鱼刺朝下，并以线段的长短表示事件对自己影响的大小。

4. 现在请你在生命线上标出今后你最想做的3件事或最想实现的3个目标，能够由自己全权决定的鱼刺朝上，需要别人参与或者全部由别人定夺的鱼刺朝下。

请参考"鱼骨"生命图，深入思考，并完成下面的问题：

1. 过去的事情对你有怎样的影响？你对这些事情的看法怎样？

____

____

____

2. 对于现在的自己，你是否感到满意？哪些人或事促成了现在的你？

____

____

____

3. 对未来的自己，你的预期是什么？如果想要成为这样的人，你现在需要做什么？

____

____

____

第四节　理清职业价值观　锚定工作意义

【案例故事】坚守志愿，用敬业的态度求发展

陆涛毕业于青年教育专业。毕业后参加了国家西部计划的大学生志愿服务。期间陆涛严格要求自己，认真做好服务单位布置的各项工作，深入乡村，走进群众，对西藏的认识从陌生到熟悉，从肤浅到深入。

进藏不足两个月，他就被抽调到县“谋跨越、奔小康”主题教育活动驻乡工作组，在驻乡村的一个多月时间里，他深入农牧民群众之中，同吃同住，努力克服高原反应，走遍了全乡七个行政村，了解农牧区群众生产生活的基本情况，对他们以后的发展思路、家庭人口情况、致富目标等进行调查摸底；他跟随其他同志深入田间地头，向农牧民宣传党的基本政治理论和指导思想，宣传党在农牧区的基本政策和措施，使农牧民从思想上接受了一次真正的洗礼，逐步摆脱了“等、靠、要”的思想。他协助工作组其他成员，最终为全乡每一户农牧民制订了详细的发展计划，在农牧民群众中产生了很大的反响。

作为负责马乡青年中心建设的志愿者，他积极努力工作，在中心成立后，成功地为青年举办各类技能培训数十次，培训青年三百多人次；举办文艺会演十多个场次，观众近千人，极大地丰富了马乡农牧民群众的精神文化生活。他还利用周末和节假日参加北京志愿者义务支教团在社会孤儿院开展的支教活动，为孤儿院的数十名孤儿教授汉语，并多次将孤儿带到家中，希望能带给他们亲人般的温暖。

两年的志愿服务虽然短暂，但对一个人的影响却是深远的，用陆涛的话讲：志愿者的经历，将作为一种人生的财富使他终身受益。志愿者是蜡烛，虽然燃烧了自己，却给世界带来了光明，自己的人生也因此得到了升华；志愿者是春蚕，虽然吐丝自缚，却给人们带来美丽，使人们免受寒冷，从而实现了自己的价值；志愿者是灯塔，虽然孤独耸立于茫茫大海，却给航海者指明了方向，成为希望的象征。他自豪，因为是一名志愿者；他骄傲，因为志愿者的旗帜上有他耕耘的足迹，他愿做一名终生的志愿者，用一生的奋斗去诠释志愿者的誓言。

在忘我的工作中，陆涛的工作能力迅速提高。他又被抽调到县里“两建”领导小组办公室，在两个月的机关作风建设活动中，他工作积极主动，富有成效，出色地完成了县委的要求。之后，陆涛又经历了一系列的岗位，最后被调入拉萨市政府工作。十多年过去了，在周围同事的眼里，陆涛俨然已经成为一个西藏人。他也愿意为西藏的发展尽自己所能，扎根西藏，继续服务西藏人民。

思考问题：

1. 陆涛的故事体现了哪些职业价值观？
2. 这些价值观在陆涛的职业生涯中是如何发挥作用的？

一、价值观与职业发展的关系

价值观在人们的职业生涯发展中往往起到极其重要的、决定性的作用，甚至可能超过了兴趣和性格对我们的影响。价值观直接影响和决定着一个人的理想、信念、生活目标和追求方向的性质。价值观的影响作用大致体现在以下两个方面：

1. 价值观对行为动机有导向作用

人们行为的动机受价值观的支配和制约。在同样的客观条件下，具有不同价值观的人，其动机模式不同，产生的行为也不相同，动机的目的、方向受价值观的支配，只有那些经过价值判断被认为是可取的，才能转换为行为的动机，并以此为目标引导人们的行为。

2. 价值观反映个人需求，影响职业决策

价值观代表了一个人对于什么是好、什么是对，以及什么会令人喜爱的意见。每一个求职者由于其所受教育的不同和所处环境的差异，在职业取向上的目标和要求也是不相同的。在许多场合，人们往往要在一些得失中做出抉择，而左右人们选择的，往往就是人们的职业价值观。例如，是要工作舒适轻松，还是要高标准的工资待遇，要成就一番事业，还是要安稳太平；当两者有矛盾冲突时，最终影响人们决策的是存在于内心的职业价值观。

由于个人的身心条件、年龄阅历、教育状况、家庭影响、兴趣爱好等方面的不同，人们对各种职业有着不同的主观评价。从社会来讲，由于社会分工的发展，各种职业在劳动性质的内容上，在劳动难度和强度上，在劳动条件和待遇上，在所有制形式和稳定性等诸多问题上，都存在着差别。再加上传统的思想观念等的影响，各类职业在人们心目中的声望地位便也有好坏高低之见，这些评价都形成了人的职业价值观，并影响着人们对就业方向和具体职业岗位的选择。

每种职业都有各自的特性，不同的人对职业意义的认识，对职业好坏有不同的评价和取向，这就是职业价值观。职业价值观决定了人们的职业期望，影响着人们对职业方向和职业目标的选择，决定着人们就业后的工作态度和劳动绩效水平，从而决定了人们的职业发展情况。哪个职业好？哪个岗位适合自己？从事某一项具体工作的目的是什么？这些问题都是职业价值观的具体表现。

职业价值观，注重于探讨在职业生涯规划和职业生活中，在众多的价值取向里，人们优先考虑哪种价值。在大多数人眼里，理想的职业应该是这样的：

（1）薪水高，福利好；

（2）工作环境（物质方面）舒适；

（3）人际关系良好；

（4）工作稳定有保障；

（5）能提供较好的受教育机会；

(6) 有较高的社会地位；

(7) 工作不太紧张，外部压力少；

(8) 能充分发挥自己的能力特长；

(9) 社会需要与社会贡献大。

二、职业价值观的影响因素

职业价值观从外部因素而言会受到社会、学校、家庭的影响，从内部因素而言会受到个人的健康、性别、兴趣、性格、能力等的影响。

(一) 社会因素的影响

随着改革开放的不断深入，社会的政治、经济、文化都发生了复杂而深刻的变化，经济成分和经济利益多样化，社会生活方式和组织形式多样化，这些变化打破了原有的价值观念、利益格局，进而改变了人们旧有的职业价值观念。大学生作为一个极其活跃而敏感的群体，其价值观念更易受社会环境变迁的影响，他们的竞争意识、利益观念和自主观念等都会进入新的价值体系中。

(二) 学校因素的影响

学校是有目的、有计划地进行教育的专门场所，尤其以培养高等技术应用性专门人才为根本任务的学校教育，其教育活动对个体职业价值观的形成和发展影响直接、作用巨大。一些相关研究也对此有深入的阐述：一是专业教育，不仅让学生掌握了基本的专业知识和专业技能，而且能够宏观地把握所学专业的研究现状和发展趋势，并在此基础上展开职业设想、形成职业认知、进行职业选择和职业评价；二是双师型教师是对专业课教师的一种特殊要求，他们既具有较高的文化和专业理论水平，又有广博的专业基础知识和熟练的专业实践技能，教师的职业态度和职业评价，对学生的职业价值观有着直接的影响；三是学校的德育工作、人文教育等对学生的职业价值观也起着重要的导向作用。

(三) 家庭因素的影响

家庭是社会的基本单位，是一个人成长成才的第一所学校，是影响大学生职业价值观的最原始、最初级的场所。大学生在与父母的朝夕相处中，就承受了来自父母的教导，家庭成员尤其是家长的社会背景、经济状况、爱好特长、宗教信仰、性格特征及其人生观、价值观等，无不对子女日后职业方面的观念、态度与行为产生潜移默化的影响。

(四) 个人因素的影响

辩证唯物主义认为，内因是事物变化发展的根据，外因是事物变化发展的条件，外因通过内因起作用。大学生职业价值观的形成除受上述因素影响外，还与其个人因素有关。个人因素包括健康、性别、兴趣、性格、能力等。

1. 健康是大学生职业生涯开始的首要条件，几乎所有的职业都需要有健康的身体，但是不同的职业对身体健康会有不同的要求，如采矿、勘探等职业要求从业者具有良好的身体状况和强健的体魄，眼睛高度近视不能从事精密仪器制造业等，因此个人的健康状况会影响到大学生的职业选择。

2. 性别因素在职业发展中扮演着重要的角色。大学生在进行职业选择时，男生首先倾向于那些能较好发挥自己的特长以及有较好工资待遇的职业，而女生则倾向于选择稳定有保障的职业，因此性别差异也会影响到大学生的职业选择。

3. 兴趣是大学生形成职业价值观的前提性因素，大学生选择什么专业，从事什么职业往往是从兴趣出发的。

4. 人的性格千差万别。职业心理学的研究表明，不同的职业有不同的性格要求，同时具有不同性格的人对不同职业的适应性也有所不同。不同性格特征的人员，对企业而言，决定了每个员工的工作岗位和工作业绩；对个人而言，决定着自己的事业能否成功。所以性格是大学生职业选择应考虑的重要因素之一。

5. 能力是一个人能否进入职业岗位、胜任工作的先决条件，能力的不同，对职业选择就有差异。个人的能力是影响大学生职业选择的一个重要因素，个人能力的大小对职业定向与职业选择起着筛选和定位作用。

三、正确对待职业价值观

（一）处理好职业价值观与个人兴趣和特长的关系

职业价值观、个人兴趣和特长是人们在择业时需要考虑的最重要的三个因素。大学生在确定价值观时，一定要考虑它是否与自己的兴趣和特长相适应。据调查，如果一个人从事自己不喜欢的工作，80%的人难以在他选择的职业上成功；而如果选择了自己喜欢的工作则可以充分调动人的潜能，获得职业发展的原动力。此外，选择一项自己擅长的工作，也会事半功倍。

（二）处理好职业价值观的排序与取舍的问题

职业价值观的特性决定人们不会只有唯一的职业价值观，人性的本能也会驱使人们希望什么都能得到，但在现实生活中“鱼与熊掌不可兼得”。在职业选择中，人们却经常不能理性对待这个问题。既然是选择，就要付出代价，只有舍，才能得。所以，要对自己的职业价值观进行排序，找出你认为最重要、次重要的方面，并提醒自己不可能什么都得到，否则就会患得患失，终其一生也不清楚自己到底想要什么，更谈不上职业生涯的成功和对社会的贡献了。

（三）处理好职业价值观中个人与社会的关系

人不能离开社会而独立存在，一个人只有在工作中为社会做出贡献才能实现自己的职业价值。当然并不是说要忽略择业中的个人因素，只去尽社会责任，这样不但不利于个人，也是社会的损失。例如，让一个富于科学创造力、不善言辞的学者去从事普通的教师工作，可能使国家损失一项重大的发明，而社会不过多了一个也许并不出色的老师。因此，同学们在考虑职业价值观时要兼顾和平衡国家、社会需要和个人需要。

（四）处理好职业价值观与名利的关系

名利是一种成就的报酬，它是在确定职业价值观时要面对的问题。有些毕业生在求职时，将名利作为首选价值观，从根本上讲这并没有错。但是对于一些人来说，现在拥有的知识、能力、经验和阅历还不足以使其走上社会就获得名利。怀有一夜暴富的心理是不健康的，更是危险的，容易被社会上的不法分子利用，甚至误入歧途。特别是面对严峻的就业形势，更应理性地降低对金钱的期望值，把眼光放远一些，应尽可能地将自我成长和自我实现作为在毕业求职时的首选价值观。

二维码链接　我的志愿

体验活动

描绘你的价值观地图

请根据下图的描述，选出你最看重的字母。

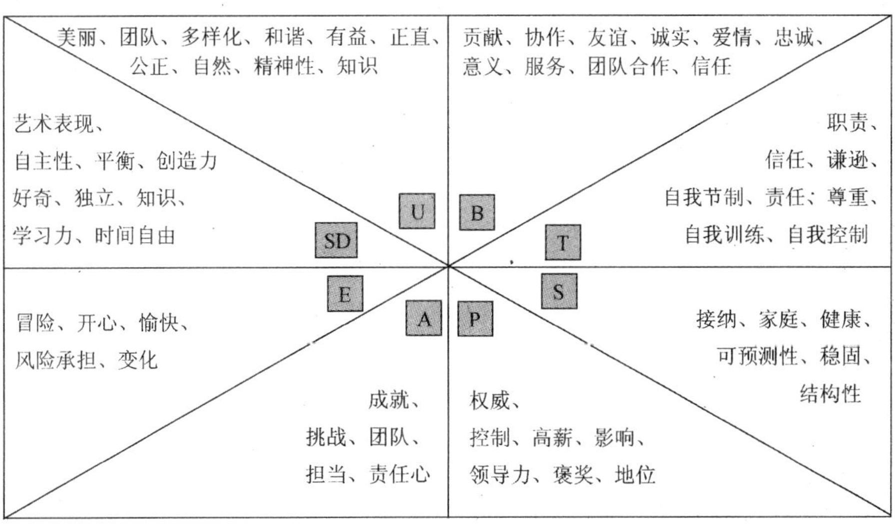

图 2-6　价值观地图

你所选择的字母，代表你的价值观类型。看看你的核心价值观表现吧。

博爱型（U）：理解、欣赏、宽容、保护大自然、保护人类福祉。

仁慈型（B）：关心如何保护和提升他们身边人的福祉。

传统型（T）：尊敬、忠诚和接纳文化和宗教对人类的要求。

安全型（S）：渴望安全与和谐，追求社会、人际关系和自我稳定性。

权力型（P）：追求社会地位、名声、影响力、权威，以及对人或资源的支配。

精彩型（E）：追寻愉悦和感官快乐，喜欢生活多姿多彩和不确定性。

成就型（A）：渴望个人成功和成就，喜欢在日常生活中展现竞争力。

自主型（SD）：追寻独立思考和行动，享受可以选择、创造和探索的可能。

根据以下模型，进行自我的职业价值观定位。

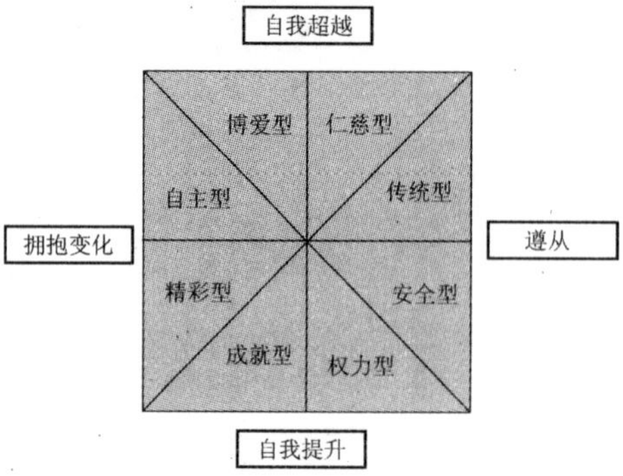

图 2-7　职业价值观定位

自我超越：

包括博爱与仁慈。这两种都体现出一种奉献精神，驱动着这两种人的自我超越，致力于增进他人和自然的福祉。非营利组织、专业助人者、指导或者教育别人的管理职位都是很好的职业选择。一个运作良好的项目组或有良好的组织文化公司会满足你的价值观。

拥抱变化：

包括自主型和精彩型的价值观。这两种展示出在未知的方向上追随自己的理性或情感兴趣的强烈渴望。很多创造性的人和喜欢智力挑战的人都在这个领域之中。

灵活性与适应性是你的职业满意度中的重要因素，也许你会发现，在生命中保持一定程度的不确定性和变数才能让其变得真正迷人。

遵从：

包括传统型与安全型。这种人有着对于保持自己的社会地位，希望自己和他人、组织和传统的关系总是清晰而可预见的强烈愿望。如果富有这个类型的价值观，稳定性对你一定非常重要，你清晰地知道你的工作职责与工作要求。

自我提升：

包括成就型和权力型。这种人强烈希望提升自己感兴趣的领域。如果你属于这个价值领域，你需要进入一个高挑战性的工作，这样你才能感受到你在建功立业。你的职业满意度则取决于职业中有没有让你担当更大权力和责任的机会。

实践拓展

职业初体验

回想自己的过去，你一定有一些兼职、实习、勤工俭学的经历，请将你的这些“职业初体验”写出来。

1. 该项工作的主要工作内容：

____

2. 你从事该项工作的主要收获和体会：

____

3. 经过工作之后，你如何在以后的学习、生活、实践中进行改进？

____

4. 根据你的判断，社会经济发展等宏观环境对该工作有哪些影响。

____

5. 你认为该工作所在行业未来会有哪些发展变化？

____

6. 你认为该工作所在行业未来会有哪些发展变化？

____

7. 你是如何做出以上分析判断的？

____

专家视角

一、正确对待测评结果

职业测评可以帮助我们清楚地认识自我，了解自己的性格特征和职业倾向，帮助我们准确地进行职业定位，找到职业生涯发展的有效起点，扬长避短，在职业道路上事半功倍，走得更远。但是，职业测评并不是万能的，它不能解决所有人的所有问题。而对于测评结果，更是需要正确的对待。

首先，对同学们来说，对各种专业的人才素质要求还没有很全面、深刻地了解，即使测评结果显示你适合某种工作，那只是从性格、能力或未来能力、兴趣等几个方面提供的参考，而你能否适应职业本身的压力、节奏、竞争力，以及职业对经验、学历等的要求，则往往是测评之外的事。所以在不知所措时，先就业，等自己对各种职业有了一定的了解后再择业，是明智之举。

其次，有的职业测评显示一些职业较适合性格外向的人做，但实践中，一些性格内向的人也会做得很好，为什么？因为一种职业对人才的需求是多样性的。所以，个人的职业测评最好和单位用人的测评结合起来，即用人者可能比你更了解你是否适合某种职业。

职业选择决策是一个复杂的、动态的过程，要考虑很多因素。在做具体决策时，除了本测评结果作为参考依据外，还要考虑以下一些因素，如职业的发展前景，职业的工作环境，职业给你带来的经济及非经济的报酬，你的个性特征与职业要求的匹配性，你个人的能力特长与职业要求的一致性，以及你的父母亲人和朋友对你的期望等等。这些信息需要你自己去获取，也可以向有关专家或专业机构咨询。①

二、探索职业兴趣的注意事项

在开始职业生涯之后，绝大多数大学生都能很快适应职业，从工作中获得乐趣，但仍有一部分会对职业感到“不称心”，这种“不称心”实际上是一种心理反感作用。这种感觉一旦产生，人就会自觉不自觉地流露出心灰意冷、无精打采的情绪，表现出敷衍塞责、得过且过的工作态度，这种情绪状态会对同学们的从业、成才产生消极影响。

之所以会产生这样的情绪状态，其原因有二：第一，当初选择职业时，自己关于职业的理想与现实之间有一定的距离；第二，当初选择职业时，由于担心找不到工作，选择了一份并不十分满意的职业。不管属于哪种情况，一旦产生“不称心”的感觉，同学们首先要做的事就是要努力培养自己的职业兴趣。如果同学们不去尝试、不去努力，而盲目否定第一个选择，同学们很可能会为此付出昂贵的代价。培养职业兴趣要注意以下几点：

1. 根据面临的职业重新确立自己的目标和追求。成才应立足于本职。

2. 在每一次成功中培养自己的职业兴趣。从事某一职业，不管是否有兴趣，都会有大小不同的收获和成功。而这些成功无疑会增强从事本职工作的信心，还可以从中发现自己的一些长处。比如当一个人不喜欢推销工作的时候，却轻而易举地做成了一笔生意，这个人会猛然醒悟自己还有推销才能。有成功就有喜悦，再往前走，职业兴趣就会来临。

3. 不要轻易认输。有些大学生遇到职业“不称心”时也曾试图培养自己的职业兴趣，但经过一段时间努力后发现没有进展，尤其是在工作中遇到失败和挫折的时候，自以为不是这块料，很快就丧失了信心。同学们要知道职业兴趣的培养也和其他任何目标一样，需要付出艰辛的努力，需要有个过程，不要轻易认输。

4. 在深入了解本职工作中培养自己的职业兴趣。人们常常以为自己对所从事的职业了解得很透，其实不然。有意识地去充分了解自己所从事的职业，会增强自身对职业的兴趣。②

---

①张生勇．赢在起点——大学生职业规划与就业准备．现代教育出版社，2016.

②梁泽光、李伟芳．设计人生——打造美好未来职业生涯．现代教育出版社，2017.

三、百分之一自我实现者的十六种共同特征

美国心理学大师马斯洛在研究了许多历史上伟人共同的人格特质之后，更详细地描绘出“自我实现者”（成长者）的画像。自我实现者有下列十六种特征：

1. 他们的判断力超乎常人，对事情观察得很透彻，只根据现在所发生的一些事，常常就能够正确地预测将来事情会如何演变。

2. 他们能够接纳自己、接纳别人，也能接受所处的环境。无论在顺境或逆境之中，他们能安之若命，处之泰然。虽然他们不见得喜欢现状，但他们会先接受这个不完美的现实（不会抱怨为何只有半杯水），然后负起责任改善现状。

3. 他们单纯、自然而无伪。他们对名利没有强烈的需求，因而不会戴上面具，企图讨好别人。有一句话说：“伟大的人永远是单纯的。”我相信，伟人的脑子里满有智慧，但常保一颗单纯善良的心。

4. 他们对人生怀有使命感，因而常把精力用来解决与众人有关的问题。他们也不以自我为中心，不会只顾自己的事。

5. 他们享受独居的喜悦，也能享受群居的快乐。他们喜欢有独处的时间来面对自己、充实自己。

6. 他们不依靠别人满足自己安全感的需要。他们像是个满溢的福杯，喜乐有余，常常愿意与人分享自己，却不太需要向别人收取什么。

7. 他们懂得欣赏简单的事物，能从一粒细砂窥见天堂，他们像天真好奇的小孩一般，能不断地从最平常的生活经验中找到新的乐趣，从平凡之中领略人生的美。

8. 他们当中有许多人曾经历过“天人合一”的宗教经验。

9. 虽然看到人类有很多丑陋的劣根性，他们却仍有悲天悯人之心、民胞物与之爱，能从丑陋之中看到别人善良可爱的一面。

10. 他们的朋友或许不是很多，然而所建立的关系，却比常人深入。他们可能有许多淡如水的君子之交，素未谋面，却彼此心仪，灵犀相通。

11. 他们比较民主，懂得尊重不同阶层、不同种族、不同背景的人，以平等和爱心相待。

12. 他们有智慧明辨是非，不会像一般人用绝对二分法（“不是好就是坏”或“黑人都是懒惰鬼”）分类判断。

13. 他们说话含有哲理，也常有诙而不谑的幽默。

14. 他们心思单纯，像天真的小孩，极具创造性。他们真情流露，欢乐时高歌，悲伤时落泪，与那些情感麻木，喜好“权术”“控制”“喜怒不形于色”的人截然不同。

15. 他们的衣着、生活习惯、方式、处世为人的态度，看起来比较传统、保守，然而，他们的心态开明，在必要时能超越文化与传统的束缚。

16. 他们也会犯一些天真的错误，当他们对真善美执着起来时，会对其他琐事心不在

焉。例如爱迪生有一次做研究太过专心，竟然忘了自己是否吃过饭，朋友戏弄他，说他吃过了，他信以为真，拍拍肚皮，满足地回到实验室继续工作。①

四、成功人士所需要的职业素养

1. 运用知识的能力

21世纪是信息化社会，是知识和信息爆炸的社会，需要掌握的知识很多，而知识更新的周期也更短，有许多好不容易才学到的知识，等大学毕业时也可能就没什么用了，或者需要进一步更新了。所以，重要的是掌握学习的方法，培养一种运用知识去解决问题的能力。

2. 自我推销能力

学生的素质再好，能力再强，不会推销自己，雇主怎么知道你是最合适的人选呢？招聘面试关都过不了，又怎么能施展才华呢？善于自我推销实际上表现为两种能力，一种是沟通能力，一种是人际关系的建立能力。同学们一定要培养自己沟通和人际交往的能力，学会恰如其分地向别人推销自己。

3. 专业能力

雇主在选聘人才时，对应聘人员的专业要求并不是一概而论的。对于技术要求较强的岗位，雇主一般要求专业对口，对专业能力要求较高；而非技术类岗位对专业的要求没有那么严格。多数雇主对大学生的专业能力还是比较看重的，通过专业学习态度和学习的能力来判断你的价值观和潜能。

4. 沟通能力

沟通能力包括语言沟通能力和书面沟通能力。当发现语言沟通效果不佳时，你可以采用迂回的办法，如电子邮件、书面信函、报告的形式尝试沟通一番。因为，书面沟通有时可以达到语言沟通所无法达到的效果，可以较为全面地阐述想要表达的观点、建议和方法。

5. 创新能力

企业需要具有创新能力的人，在企业的发展过程中总会遇到许多意想不到的新问题，这就需要员工具有创新能力，能够创造性地解决企业发展过程中的各种问题。

6. 学习能力

学习能力并不等同于毕业生在学校里所取得的专业成绩。只有不断吸收接受新的知识、新的技能，才能成为有潜力可挖、有发展前途的员工。一个人的知识总是有限的，而且总有一天会落伍过时，但不变的是他的学习愿望和能力。想学习、会学习的毕业生才最有发展潜力。

---

①陈春花．管理的常识．机械工业出版社，2010．

7. **信息搜集能力**

收集各类信息资料，包括各种政策、报告、计划、方案、统计报表、业务流程、管理制度和考核方法等，尤其要重视竞争对手的信息。任何成熟的业务流程本身就是很多经验和教训的积累，用时就可以信手拈来。

8. **抗挫折能力**

遇到失败、挫折和打击能自我安慰和解脱，还会迅速总结经验教训，而且坚信情况会发生变化。失败、挫折并不可怕，可怕的是遇到挫折、失败时丧失自信心或选择放弃，在人生的旅途中遇到一点困难是很正常的事情，我们需要用正确的心态去面对它，提高抗挫折能力，成为一名意志坚强的人。①

五、树立正确的职业价值观

1. **敬业**

敬业精神指的是对工作的责任心、成就感、奉献精神和信义程度。

“敬业”就是有责任心。责任就是不仅要对自己承担的工作有责任感，而且要敢于承担工作中因失误所造成的后果，这样才能真正对得起自己，对得起企业，对得起社会。

一个人的人生目标不管有多远，兢兢业业地做好本职工作是实现人生大志的第一步和最基本的一条。在工作中，许多时候决定成败的往往是工作态度，并非工作能力，是敬业精神决定成就的大小。只有全力以赴地投入工作，个人潜能才会得到充分挖掘，而增长的才干又会让人更加兢兢业业工作，如此良性循环，成功自然而然到来。

敬业精神是做好本职工作的重要前提和可靠保障。当前用人单位对毕业生的敬业精神提出了更高要求，而敬业精神的缺失成为制约当代大学生就业的“瓶颈”之一。

如果被企业录用，同学们应该尽早进入岗位角色，如从观念、心态、知识、能力、行为等方面进入岗位角色，如了解岗位工作内容，熟悉岗位工作程序，掌握岗位工作要求，履行岗位工作职责等，并在从事岗位工作过程中，逐渐积累工作经验，这对于同学们来说才是最有价值的。一旦适应了岗位工作，并创造了不俗的工作业绩，受到企业重用将是必然的事情。反之，那些已经在企业工作的大学生，如果他们的观念、心态、知识、能力、行为等方面尚未进入岗位角色，那么他们在企业的发展将是很有限的。

2. **忠诚**

在员工职场成功必须具备的核心品格中，“忠诚”的位置是最高的，处在所有核心品格的最高处。忠诚是职场最基本的道德，也是职场成功最核心的品格。

所有成功伟大的组织，当他们在选择其组织用人的价值观的时候，无不以忠诚为核心品格。他们在制定组织的核心价值观的时候，也将“忠诚”纳入其列。比如索尼公司有这

①周其洪．起航：大学生就业指导．中国国际广播出版社，2008.

样一个招聘原则："如果想进入公司，请拿出你的忠诚来。"索尼能不能接纳一个人进入公司，首先要看他是否忠诚。

忠诚是信任的根本前提，也是责任担当的根本前提。没有忠诚，就不会有信任；而没有信任，就不会有责任和担当；没有责任和担当，就不会有情谊、机会和持续的高价值的利益。

员工需要依靠单位的业务平台才能发挥自己的才智，对单位忠诚，实际上是一种对职业的忠诚，一种对承担或者从事某一种职业的责任感，也是对自己负责。单位需要忠诚和有能力的员工，因为单位的生存和发展靠忠诚的员工全力创造，单位的信誉靠忠诚的员工爱心维护，单位的力量靠忠诚的员工团结凝聚。只有单位有了更好的发展，员工自身的价值才能得以实现，人生才会大放光彩。

3. 服从

在工作中服从领导安排是职员所应具备的一种美德，也是日后取得工作成绩的必备条件。

绝对的服从往往能使整个团队更有效率地运转，同时也是一个团队正常运转的前提。此外，服从本身也是对自我人格的尊重以及自我能力的肯定。只有无条件的执行，才能使人变得更加敏捷果断，勇敢坚毅。

对于一个团队来说，无条件执行的服从精神非常重要，只有拥有这一美德的人才能在团队中游刃有余，才能得到上司的赏识和重视，也比他人拥有更多成功的机会。因此，很多团队领袖在考虑"最想要一个怎样的下属"的问题时，他们都指出了一个共同点，那就是懂得服从领导。

无条件执行，不仅仅是受纪律的约束，更是对领导的一种服从。但服从在大多数人看来都是卑微的象征，因此，很多人都在想方设法地不服从领导或纪律。然而，服从却是行动的第一步，要想有所成就首先需要放弃一些个人想法，融入团队的价值观念中去，正确地处理好个人与集体之间的利益关系。从这一层面来说，服从又是一种美德。

4. 自信

在充满竞争的职场里，在以成败论英雄的工作中，谁能自始至终陪伴你、鼓励你、帮助你呢？不是老板，不是同事，不是下属，也不是朋友，唯有你自己才会伴你走完人生的春夏秋冬，也唯有你自己才能鼓起你的信心，激励你更好地迎接每一次挑战。

在办公室里，你可能是个不起眼的小角色，别人丝毫不会注意到你，这时，你的自信是你唯一的生存法宝。你应该积极主动地向前迈出一步，说出那句著名品牌的著名话语："我行，我可以！"去积极争取表现你自己的机会，譬如主持一个会议或一个方案的施行，主动承担一些上司想要解决的问题，或者主动地真诚地帮助你的同事，替他出谋划策，解决一些难题。如果你能做到哪怕只是其中的一点，你的内心就会发生变化，变得越发有信心，别人也会越发认识到你的价值，会对你和你的才能越发信任，你在办公室里的位置就会发生显著的改变。

5. **感恩**

感恩是一种世界观，就是把自己看得很轻，把别人的帮助看得很重，因而难忘，心存感激。心存感恩，知足惜福！如此才会有一个积极的人生观和健康的心态。

学会感恩，同学们会少一些抱怨，多一些平和；学会感恩，同学们会少一些不满，多一些知足；学会感恩，感激父母的无私，感激师长的教诲，感激朋友的帮助，感激对手让我们有一颗更加坚强的心；学会感恩，为自己拥有的而感恩，感谢生活的赠予。

感恩不仅是一种美好的心态，更是一种高尚的美德。

职场需要感恩的员工。学会感恩，是一种职业道德！感恩是大学生必不可少的一种道德素质。做一个感恩的人，拥有一颗感恩的心，能更好地帮助同学们培养积极主动的就业心态，学会诚信就业和理性择业。

抱着一颗感恩的心情去工作——多一分感恩，多一些善意，多一点微笑。“滴水之恩当以涌泉相报”是精彩职场的又一个法则。[①]

6. **奉献**

奉献社会就是要求从业人员在自己的工作岗位上树立起奉献社会的职业理想，并通过兢兢业业地工作，履行对社会、对他人的义务，自觉为社会和他人做贡献，尽到力所能及的责任。当社会利益与局部利益、个人利益发生冲突时，要求每一个从业人员把社会利益放在首位。

奉献社会是一种人生境界。奉献社会不仅有明确的信念，而且有崇高的行为。奉献社会是职业道德的出发点和归宿。

因此，无论从事什么职业都要树立正确的义利观，正确处理好公利与私利的关系。当“义”与“利”发生矛盾时，要有顾全大局、乐于奉献的精神，真正把国家、集体和人民的利益放在首位。要杜绝斤斤计较、只讲索取不讲奉献、只讲权利不讲义务、只讲金钱不讲道德的思想观念。

7. **尊重工作**

没有不重要的工作，只有不尊重自己工作的人。

不管你从事什么职业，处在什么位置，同学们都要像尊重自己那样尊重工作。反之，尊重工作其实也就是尊重自己。不论职业的平凡与否，位置的高或低，同学们都要加以尊重。尊重自己的工作，并全心全意把它做好，只有这样，才能懂得工作，并享受工作带来的乐趣和回报。

工作就是一个人人格的表现，看到了一个人所做的工作，就是“如见其人”了。自尊、自信是成就大事业的必备条件，对工作不能尽心尽力，只想敷衍塞责的人，是不会具备这种品质的。

同学们想要在工作中取得成就，首先就要从尊重自己的工作开始。尊重自己的工作，就要懂得如何去面对工作。以一种什么样的心态去面对自己所从事的工作，是能否做好这

---

①文征．以感恩的心态工作．金城出版社，2010.

份工作的前提。不论做什么工作，同学们都要心态端正，用积极的、主动的、包容的、自信的、学习的、感恩的、竞争的心态投入其中。以良好的工作心态来解决工作中的问题，才能使自己不断进步，不断取得成功。

网上精品视频课程

职业自我探索

第三章　洞悉需求——职业世界探索

本章导图

- 第三章　洞悉需求——职业世界探索
  - 【名人寄语】
  - 【导入活动】家族职业树
  - 【阅读思考】未来职场，谁主沉浮？
  - 第一节 鸟瞰发展环境 了解职业世界
    - 【案例故事】职业“新秀”来报到
    - 一、职业与行业、产业的分类
    - 二、转变中的职业世界
    - 【体验活动】探索“手机”相关的职业
  - 第二节 洞察职场实情 掌握探索方法
    - 【案例故事】选对行业，驶入职场发展高速路
    - 一、探索职业世界的方法
    - 二、职业探索的十大任务
    - 【体验活动】职业博览会
  - 第三节 评估职业信息 提升分析能力
    - 【案例故事】重视信息，让职业发展事半功倍
    - 一、社会环境的宏观分析
    - 二、行业环境的中观分析
    - 三、岗位环境的微观分析
    - 【体验活动】我的愿望
  - 【实践拓展】生涯人物访谈
  - 【专家视角】
    - 一、近年来最热门的十大行业
    - 二、未来需要什么样的人才
    - 三、八类大学生更容易得到用人单位青睐
  - 【网上精品视频课程】认知职业与环境

名人寄语

微信颠覆了短信，乔布斯拿 iPod 为开端，最终颠覆了老牌手机巨头。后来者不断地超越上一代的传奇故事，过去不断发生，未来也将更加可期。而移动互联网和即将到来的人工智能时代，正在给新的颠覆式创新提供着更大的平台，这给整个商业社会带来了勃勃生机，也给创业勇士们铺陈着技术改变世界的道路。

——周鸿祎《颠覆者：周鸿祎自传》

导入活动

家族职业树

了解职业可以从自己熟悉的人开始。

首先请把家庭中亲属及他的职业填在下面的家族职业树上，填完后请回答后面的问题。

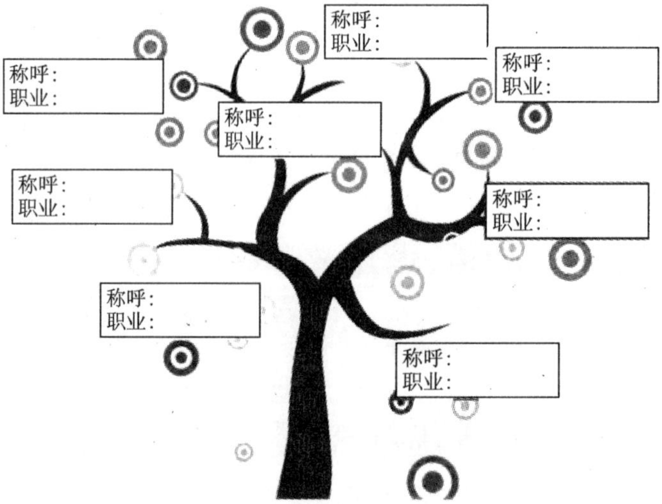

图 3-1　家族职业树

你家族中最多人从事的职业是：____________________

你想要从事这种职业吗？为什么？____________________

爸爸是如何描述他的职业的？爸爸平时会提到哪些职业？他怎么说的？

____

爸爸的描述对我的影响是：＿＿＿＿＿＿＿＿＿＿＿＿＿＿＿＿＿＿＿＿

妈妈如何描述她的职业的？妈妈平时会提到哪些职业？她怎么说的？

＿＿＿＿＿＿＿＿＿＿＿＿＿＿＿＿＿＿＿＿＿＿＿＿＿＿＿＿＿＿

妈妈的描述对我的影响是：＿＿＿＿＿＿＿＿＿＿＿＿＿＿＿＿＿＿＿＿

家族中还有谁对职业的描述让你印象深刻？他们是怎么说的？

＿＿＿＿＿＿＿＿＿＿＿＿＿＿＿＿＿＿＿＿＿＿＿＿＿＿＿＿＿＿

＿＿＿＿＿＿＿＿＿＿＿＿＿＿＿＿＿＿＿＿＿＿＿＿＿＿＿＿＿＿

家族中对彼此职业是如何评价的？（例如，“堂哥在医院当医生，不仅收入高，社会地位又高，环境好，要求高等”）

＿＿＿＿＿＿＿＿＿＿＿＿＿＿＿＿＿＿＿＿＿＿＿＿＿＿＿＿＿＿

＿＿＿＿＿＿＿＿＿＿＿＿＿＿＿＿＿＿＿＿＿＿＿＿＿＿＿＿＿＿

他们认为自己的职业未来发展趋势是：＿＿＿＿＿＿＿＿＿＿＿＿＿＿＿＿

＿＿＿＿＿＿＿＿＿＿＿＿＿＿＿＿＿＿＿＿＿＿＿＿＿＿＿＿＿＿

他们认为从事该职业需要具备的条件有：＿＿＿＿＿＿＿＿＿＿＿＿＿＿＿

＿＿＿＿＿＿＿＿＿＿＿＿＿＿＿＿＿＿＿＿＿＿＿＿＿＿＿＿＿＿

我觉得家人对我未来选择职业的影响是：＿＿＿＿＿＿＿＿＿＿＿＿＿＿＿

＿＿＿＿＿＿＿＿＿＿＿＿＿＿＿＿＿＿＿＿＿＿＿＿＿＿＿＿＿＿

哪些职业是我绝不考虑的：＿＿＿＿＿＿＿＿＿＿＿＿＿＿＿＿＿＿＿＿

哪些职业是我有考虑的：＿＿＿＿＿＿＿＿＿＿＿＿＿＿＿＿＿＿＿＿＿

选择职业时，我还重视哪些条件：＿＿＿＿＿＿＿＿＿＿＿＿＿＿＿＿＿＿

阅读思考

未来职场，谁主沉浮

随着生产力的发展，人类职业也在不断发生着变化，未来职业会发生什么样的变化？

阅读材料一：

2017 年底，《纽约客》杂志的一张封面毫无征兆地在朋友圈里刷了屏。

封面上，人类坐地行乞，机器人则扮演了施予者的角色，意指明显——在未来社会，人类的工作机会被不断进化的机器人剥夺，从而沦为了流落街头的弱者。

其实自从工业革命爆发，机器大生产开始为商家创造利润的那一天开始，人类便开始了无休无止的焦虑。而到了如今，人工智能日渐精进，人类的焦虑和恐惧则由被机器人杀死，转变成了被机器人所取代。

在这个时代，做什么工作最有可能被机器人淘汰？干什么最不容易被淘汰？

BBC 基于剑桥大学研究者 Michael Osborne 和 Carl Frey 的数据体系分析了 365 种职业在未来的“被淘汰概率”。（基于英国本土的数据，分析职业在英国的前景）

职业	电话推销员	打字员	会计	保险业务员	银行职员	政府职员	接线员
被取代概率	99.0%	98.5%	97.6%	97.0%	96.8%	96.8%	96.5%
职业	前台	客服	人事	保安	房地产经纪人	第一、第二产业工作	厨师
被取代概率	95.6%	91.0%	89.7%	89.3%	86%	80%～60%	73.4%
职业	IT 工程师	图书管理员	摄影师	演员、艺人	化妆师	写手、翻译	理发师
被取代概率	58.3%	51.9%	50.3%	37.4%	36.9%	32.7%	32.7%
职业	运动员	警察	程序员	记者	保姆	健身教练	艺术家
被取代概率	28.3%	22.4%	8.5%	8.4%	8.0%	7.5%	3.8%
职业	律师、法官	牙医、理疗师	建筑师	公关	心理医生	教师	酒店管理者
被取代概率	3.5%	2.1%	1.8%	1.4%	0.7%	0.4%	0.4%

虽说他们分析的仅仅是这些职业在英国的前景，所基于的也不过是本土的数据。但从这些概率中，我们可以得出两个基本的结论：

1. 如果你的工作包含以下三类技能要求，那么，你被机器人取代的可能性非常小：

（1）社交能力、协商能力以及人情练达的艺术；

（2）同情心，以及对他人真心实意的扶助和关切；

（3）创意和审美。

2. 如果你的工作符合以下特征，那么，你被机器人取代的可能性非常大：

（1）无需天赋，经由训练即可掌握的技能；

（2）大量的重复性劳动，每天上班无需过脑，但手熟尔；

（3）工作空间狭小，坐在格子间里，不闻天下事。

阅读材料二：

麦肯锡有一个专门针对中国市场的子报告，认为自动化对劳动力的冲击主要表现在：

一是总体岗位需求减少。

人工智能取代了一些职业，也会产生一些新的职业，但总体来看，到 2030 年，受人工智能普及的影响，中国的劳动力需求会较 2016 年减少 1600 万人。

二是部分岗位消失。

中国哪个职业受到的冲击最大，可能很多人都想不到。麦肯锡认为，是机械师和厨师。到 2030 年，以这两个岗位为代表的基础工作会减少 360 万人。

三是上亿人需要学习新技能、转换岗位——这就是摩擦性失业。

据麦肯锡的预测，到 2030 年，中国将有至少 1.18 亿人的岗位被机器人取代，这要求他们学习新技能，适应与机器人的合作分工；其中 700 万～1200 万人需要转换职业（这意味着他们原有的岗位彻底被机器人取代，不再有人工的价值）。

案例改编自

1.《麦肯锡报告：2030 年近 1 亿中国人或面临职业转换，全球将有 8 亿人被机器人取代》

2.《BBC 分析了 365 个职业，发现最不可能被机器淘汰的居然是……》

3.《从国家产业升级到职业选择》

问题：

1. 通过两个导入阅读，你对所学专业的发展前景是怎么认识的？

2. 应该着重提高自己哪方面的技能以适应未来不断变化的趋势？

第一节　鸟瞰发展环境　了解职业世界

【案例故事】职业“新秀”来报到

社会发展的多元化，催生出许多职业“新秀”。越来越多的职场新人，他们在思想和价值观上与传统有不同，在职业选择上，更加倾向于选择那些有别于传统意义上的新兴职业。

1. 威客 Witkey

威客，是由 wit（智慧）和 key（钥匙）两个单词组成，即 The key of wisdom 的缩写，一般指那些通过互联网把自己的知识、智慧、经验、技能转换成实际收益的人，主要包括解决科学、技术、工作、生活、学习等领域的问题，体现了互联网按劳取酬和以人为中心的新理念，其中以 IT、设计、网站建设、网络营销等任务最热门。由于威客与网络息息相关，工作形式灵活自由，所以备受年轻人的青睐，更有机构在去年将威客评为 90 后最为推崇的十大时尚职业之一。

代表人物：朱明跃

此人堪称威客界英雄级人物，猪八戒网创始人兼 CEO。2006 年 9 月，朱明跃辞去重庆晚报首席记者，创办猪八戒网。猪八戒网上有百万服务商借此平台出售服务，为企业、公共机构和个人提供定制化的解决方案，将创意、智慧、技能转化为商业价值和社会价值。2011 年，猪八戒网总交易金额首次突破 7 亿元人民币，获得千万级美金投资，并被评选为中国 2011 年度“最佳商业模式十强”企业。一系列成功的突破，朱明跃可谓引领中国威客新时代，也成为众多 90 后威客心中的榜样。

2. 游戏测试人员 Game Tester

属于 IT 行业，游戏测试就是对游戏的软件、运用进行测试，发现游戏问题并进行改进，从而提升软件产品的质量。这种工作更加新鲜、有趣、丰富，既能玩到游戏，又能以游戏为工作，因此赢得了众多的 90 后的青睐。

代表人物：陈欧

聚美优品 CEO 陈欧现在已不是游戏测试员，但是他第一桶金的确就是靠打游戏这个看似特不靠谱的工作赚来的。16 岁那年，陈欧考取了新加坡南洋理工大学，被称为是“天才少年”。留洋中，迷上了网络游戏，当然，这对本就学习计算机的他也算是一种实践。并且游戏运营商为了增加用户数量，往往会对“过关”的玩家进行奖励。陈欧很快就成为“网游”高手，更让人想不到的是陈欧玩游戏竟然真的“玩”出了大名堂。他用一根网线、一台笔记本电脑，在南洋理工大学的大学生公寓里创建了简洁、快速、方便的网络游戏平台 Garena。大学毕业的时候，Garena 已经拥有 2400 万注册用户，成为世界上第二大网络游戏平台。然而，为了攻读 MBA，陈欧放弃了已经成型的 Garena，只身飞往美国。后来回国创业的事当然又是另一个范本了。

3. 微博营销员 Microblog Marketing Executive

随着微博迅猛的发展势头，有这样一个说法，如果你的粉丝数量超过 100，你就是一本内刊；超过 1000，你就是个布告栏；超过 10 万，你就像是一份都市报；超过 1000 万，你就像是一家电视台，超过一亿，你就是 CCTV 了。鉴于微博的强大宣传能力，各种媒体机构的微博都需要微博营销员持续在线工作，第一时间来处理客户、媒体和博友的各种情况，才能确保微博的人气和正常运行。因此，微博营销员的市场需求就逐渐增长，需求量也逐渐增大。

代表人物：姚晨

号称“微博女王”的姚晨当然不能算是微博营销员，她本身的职业性质是专业微博营销员无法复制与模仿的，但是其成功运营微博的案例被无数专业人士当作成功典范，她的一条广告微博的报价已经达到 6 至 8 万元。由此可见，微博市场巨大的利润和相对自由的时间支配权力让更多的人心之向往。

4. 网店店主 Online Shop Owner

随着网购时代和物流业的飞速发展，开一个网店，既能节省开实体店面的租金成本，又能缓解当前经济危机带来的就业压力。网店的运营成本低，时间地点比较自由，很多年轻人若想自己当老板去捞第一桶金，都会先选择开网店创业。

代表人物：当今网店店主太多，说不定你的同学或者同事就是其中一位，实在不用例子说明。

问题思考：

1. 职业是否由国家认定？国家如何对职业进行定义和分类？

2. 你认为新兴职业的发展前景如何？随着经济、科技、社会的发展，你认为还会产生哪些新兴职业？

一、职业与行业、产业的分类

（一）职业分类

所谓职业分类，是采用一定的标准和方法，依据一定的分类原则，对从业人员所从事的各种专门化的社会职业所进行的全面、系统的划分与归类。

一般来说，职业的分类是以工作性质的同一性为基础原则，对社会职业进行的系统划分与归类。职业分类的目的是要将社会上纷繁复杂、数以万计的现行工作岗位，划分成类系有别，规格统一，井然有序的层次或类别。职业分类体系主要通过职业代码、职业名称、职业定义、职业所包括的主要工作内容等，描述出每一个职业类别的内涵与外延。

通过职业分类，可以了解社会职业领域的总体状况，增强职业意识，有意识地不断提高职业素质。

《中华人民共和国职业分类大典》是我国对职业进行科学分类的权威性文献。在深入分析我国社会职业构成的基础上，突破了过去以行业管理机构为主体，以归口部门、单位甚至用工形式来划分职业的传统模式，采用了以从业人员工作性质的同一性作为职业划分标准的新原则，并对各个职业的定义、工作活动的内容和形式以及工作活动的范围等做了具体描述，体现了职业活动本身固有的社会性、目的性、规范性、稳定性和群体性的特征。

《中华人民共和国职业分类大典》（1999 年版）将我国职业归为 8 个大类、66 个中类、413 个小类、1838 个细类（职业）（自“大典”出版以后，每年都要出增补版本，增补新增加的职业类型）。2015 年新版的《中华人民共和国职业分类大典》结构为 8 个大类、75 个中类、434 个小类、1481 个职业。与 1999 版相比，维持 8 个大类，增加 9 个中类和 21 个小类，减少 547 个职业。经过系统专家努力，质检行业共 24 个职业列入大典，质检工作重要性进一步凸现。

1. 第一大类名称修订为“党的机关、国家机关、群众团体和社会组织、企事业单位负责人”，其职业分类修订参照我国政治制度与管理体制现状，对具有决策和管理权的社会职业依组织类型、职责范围的层次和业务相似性、工作的复杂程度和所承担的职责大小等进行划分与归类。修订后的第一大类包括 6 个中类、15 个小类、23 个职业。与 1999 版相比，增加 1 个中类，减少 1 个小类、2 个职业，并对部分类别名称和职业描述进行了调整。

2. 第二大类名称为“专业技术人员”，维持原大类名称不变，其职业分类修订除遵循职业分类一般原则和技术规范外，还着重考量职业的专业化、社会化和国际化水平。修订后的第二大类包括 11 个中类、120 个小类、451 个职业。与 1999 版相比，减少 3 个中类，增加 5 个小类、11 个职业。

3. 第三大类名称为“办事人员和有关人员”，维持原大类名称不变，其职业分类修订主要依据我国公共管理与社会组织中从业者的实际业态进行。修订后的第三大类强化其公共管理、企事业管理等领域行政业务、行政事务属性，包括 3 个中类、9 个小类、25 个职业。与 1999 版相比，减少 1 个中类、3 个小类、28 个职业。

4. 第四大类名称修订为“社会生产服务和生活服务人员”，其职业分类修订主要参照国民经济行业分类以及我国服务业发展现状，特别关注新兴服务业的社会职业发展，主要按照服务属性归并职业。修订后的第四大类包括 15 个中类、93 个小类、278 个职业。与 1999 版相比，增加 7 个中类、50 个小类、81 个职业。

5. 第五大类名称修订为“农、林、牧、渔业生产及辅助人员”，其职业分类修订以农、林、牧、渔业生产环境、生产技术和产业结构的变化，现代农业生产领域中生产技术应用、生产分工与合作的现状为依据，参照国民经济行业分类进行。修订后的第五大类包括 6 个中类、24 个小类、52 个职业。与 1999 版相比，中类维持不变，减少 6 个小类、83 个职业。

6. 第六大类名称修订为“生产制造及有关人员”，其职业分类修订按照国民经济行业分类以及生产制造业发展业态，以工艺技术、工具设备、主要原材料、产品用途和服务与技能等级水平相似性进行。修订后的第六大类包括 32 个中类、171 个小类、650 个职业。与 1999 版相比，增加 5 个中类，减少 24 小类、526 个职业。

7. 第七大类和第八大类沿用 1999 版“大典”做法，维持原大类名称及内容表述不变。

（二）行业分类

行业分类是不同于《中华人民共和国职业分类大典》的另外一种分类模式，主要是依据经济活动性质的同一性进行分类的原则，即主要按企业、事业单位、机关团体和个体从业人员所从事的生产经营活动或其他社会经济活动性质进行行业分类，而不按其所属行政管理系统分类。某一行业就其实质来说是指从事一种或主要从事一种活动的所有单位的聚合体。

我国 2011 年第三次修订的《国民经济行业分类》对行业门类、大类、中类和小类进行了调整。新行业分类标准为 20 个行业门类、96 个行业大类、300 多个中类、900 多个小类。主要分类如下：

A. 农、林、牧、渔业

B. 采矿业

C. 制造业

D. 电力、热力、燃气及水生产和供应业

E. 建筑业

F. 批发和零售业

G. 交通运输、仓储和邮政业

H. 住宿和餐饮业

I. 信息传输、软件和信息技术服务业

J. 金融业

K. 房地产业

L. 租赁和商务服务业

M. 科学研究和技术服务业

N. 水利、环境和公共设施管理业

O. 居民服务、修理和其他服务业

P. 教育

Q. 卫生和社会工作

R. 文化、体育和娱乐业

S. 公共管理、社会保障和社会组织

T. 国际组织

（三）产业的分类

产业是国民经济中基于共同标准划分的部分的总和，又是具有相同性质企业或组织群体的集合。在《辞海》中，产业是指由利益相互联系的、具有不同分工的、由各个相关行业所组成的业态总称。尽管它们的经营方式、经营形态、企业模式和流通环节有所不同，但是，它们的经营对象和经营范围是围绕着共同产品而展开的，并且可以在组成业态里的各个行业内部完成各自的循环。

目前，国际上普遍认可产业划分是按照人类生产发展的历史顺序，即第一产业是农业，第二产业是加工制造业，第三产业是服务业。1985 年，我国国家统计局明确地把我国产业划分为三大产业：把农业（包括林业、牧业、渔业）定为第一产业，把工业（包括采掘业、制造业、自来水、电力、蒸汽、煤气）和建筑业定为第二产业，把第一、二产业以外的各行业定为第三产业。

随着电子、信息技术的迅猛发展，信息技术渗透到了社会和经济的各个领域，近些年，从国际到国内又把信息产业称为第四产业。信息产业的发展不仅加快了市场经济全球一体化的发展步伐，同时打破了原有的一些产业和行业的格局，产业和行业需要不断地加速调整和重新划分以适应新的形势。新能源、新材料、节能环保、生物、高端装备制造等新兴产业不断涌现。

2016 年，经李克强总理签批，国务院日前印发《“十三五”国家战略性新兴产业发展规划》（以下简称“规划”），对“十三五”期间我国战略性新兴产业发展目标、重点任务、政策措施等做出全面部署安排。“规划”指出，战略性新兴产业代表新一轮科技革命和产业变革的方向，是培育发展新动能、获取未来竞争新优势的关键领域。要把战略性新兴产业摆在经济社会发展更加突出的位置，紧紧把握全球新一轮科技革命和产业变革重大机遇，按照加快供给侧结构性改革部署要求，以创新驱动、壮大规模、引领升级为核心，构建现代产业体系，培育发展新动能，推进改革攻坚，提升创新能力，深化国际合作，加快发展壮大新一代信息技术、高端装备、新材料、生物、新能源汽车、新能源、节能环保、数字创意等战略性新兴产业，促进更广领域新技术、新产品、新业态、新模式蓬勃发展，建设制造强国，发展现代服务业，推动产业迈向中高端，有力支撑全面建成小康社会。提出，到2020年，战略性新兴产业增加值占国内生产总值比重达到15%，形成新一代信息技术、高端制造、生物、绿色低碳、数字创意等5个产值规模10万亿元级的新支柱，并在更广领域形成大批跨界融合的新增长点，平均每年带动新增就业100万人以上。产业结构进一步优化，产业创新能力和竞争力明显提高，形成全球产业发展新高地。[①]

产业、行业、职业都是社会分工的产物，是社会生产力不断发展的必然结果。这是它们在本质上的共同点。在社会发展中，随着新技术的出现，产生了新产品及相应职业的从业人员。随着新产品的生产及相应从业人员数量的不断扩张，新的行业逐渐形成。当新行业发展到一定规模时，就会与其他相关行业进行整合，依据发挥作用的程度并入或形成新的产业。产业、行业、职业的不同之处是它们在国民经济领域中，从着眼点的层次上是由高到低，概念上涉及的范围是由大到小。产业的着眼点是生产力布局的宏观领域，体现的是以产业为单位的生产力布局上的社会分工，产业由行业组成。行业的着眼点是企业或组织生产产品的微观领域，体现的是以行业为单位的产品生产上的社会分工，行业由企业或组织组成。职业的着眼点是组织内工作人员的具体工种，体现的是以人为单位的劳动技能上的社会分工，职业是由人的技能组成。

二维码链接 盘点“互联网+”带来的新职业

二、转变中的职业世界

面对信息时代，规划未来职业，必须善于在动荡的行业之间把握住那些即将发生的趋势。一方面，传统的职业整合了新的运作模式；另一方面，新兴职业层出不穷。了解当前职业发展变化趋势，对于设计个人职业生涯有着重要的意义。

（一）职业的发展变化趋势

随着社会分工的发展和职业的分化，职业的种类也越来越多，已远远超过了“三百六十行”。21世纪是知识经济的时代，当今社会知识经济已经开始占据国民经济的主导地位，对人才的要求开始打破传统的模式，呈现出新的特点。

1. 打破传统职业模式，逐步实现智能化

工业革命后，科学技术的发展逐渐出现了学校形式的职业教育。体力劳动者与脑力劳动者之间逐步形成新类型的“中间人才”，构成与社会经济发展相适应的人才类型结构。

①中华人民共和国国家统计局官网 . http：//www. stats. gov. cn/

生产力发展的关键是增加职业岗位科技含量，改善劳动组织和生产手段，提高劳动生产率。能熟练应用信息管理方法的智能型操作人员，是今后职业岗位更新、工作内容更新需要的新型人才。

2. 转变职业时空概念，职业岗位转移更加频繁

传统职业时空变化不大，不需要过多考虑单位的变更和职业的前景发展。现在同一职业或职位对就业者的要求也不断发生变化，使得时空变化大。体力劳动脑力化和专门职业化会使部分职业或职位对就业者的某些要求发生变化。

3. 第三产业的兴起，对职业技能要求更高

第三产业是伴随现代工业社会的发展而崛起的一类新兴行业，它包括交通运输业、邮电通信业、商业、服务业、金融保险业、卫生、体育、教育和文化艺术等。分布于第三产业中的比重在不断增加。社会生产力的提高，解放了劳动力，人们越来越多地需要社会服务行业为他们排忧解难、提供方便。第三产业的劳动人类将迅速增加，提供各种各样服务项目的社会服务业，第三产业将迅速发展壮大，不仅能产生大量新职业，而且是吸纳社会劳动力的主要渠道。

4. 人才类型的规格要求和比例结构发生显著变化

21世纪，我国仍将保持四种人才类型，即学术型、工程型、技术型、技能型（其中后两种人才由职业技术教育培养）。技术型人才在劳动力结构中所占比重一直在上升。这一方面由于很多原来技能型人才的工作岗位实现智能化后改，由技术型人才担任；另一方面，在信息技术发展后，原来由工程型人才担任的设计、管理等工作也有一部分采用信息技术，改由技术型人才担任。技能型人才可能是变化最大的一类人才。技术工人变换工作岗位的情况将越来越频繁；一部分技术工人的工作将被技术员代替，如像在钢材轧制的自动生产线上，原先的轧钢工人已被计算机前操作的技术员所代替；还有不少技术工人转向第三产业或更高的技术岗位，这些变化导致技能型人才总人数的趋于减少。

5. 复合型人才的需求，成为21世纪的重要特点

从目前招工、就业的情况分析，职业岗位的要求和劳动方式逐步由简单向复杂方面转化，过去单一技能就能胜任的工作，现在职业内涵发展扩大了，往往需要相关专业的许多知识和技能，更多地需要跨专业的复合型人才。

（二）职业的发展变化对大学生择业的影响

职业的迅速发展，对大学生就业产生了许多方面的影响。大学生在求职择业和进行就业准备时，要认真研究职业发展的趋势。

第一，新职业种类的大量出现，扩大了大学生的择业范围。大学生在择业中首要考虑的便是“专业对口”，但由于职业发展加快，新职业种类不断增加，所谓与专业“对口”的职业种类当然也相应增多。这就要求大学生在择业时应当解放思想，开阔视野，跳出以往传统职业种类的狭小范围。

第二，职业的发展导致同一职业或职位对就业者的要求不断提高。对于某些职业来说，仅有学历文凭还不具备就业资格，还需通过有关的职业资格鉴定，获得职业资格证书，如律师、环评工程师等职业。

第三，职业的发展和国家劳动人事制度的改革，为人才的合理流动创造了条件。大学生毕业后的首次就业并不意味着选择了终身不变的职业，随着各种条件的变化，已就业的大学生，也可能面临第二次、第三次择业，所以大学生就业时应从发展的角度看待自己的初次就业。

二维码链接 未来最具前景的新型行业

体验活动

探索“手机”相关的职业

请开动脑筋，列举出与手机相关的尽可能多的职业，并将所有联想到的职业都记录下来。

对比下图，与你以上所列职业对照，有哪些新的发现？

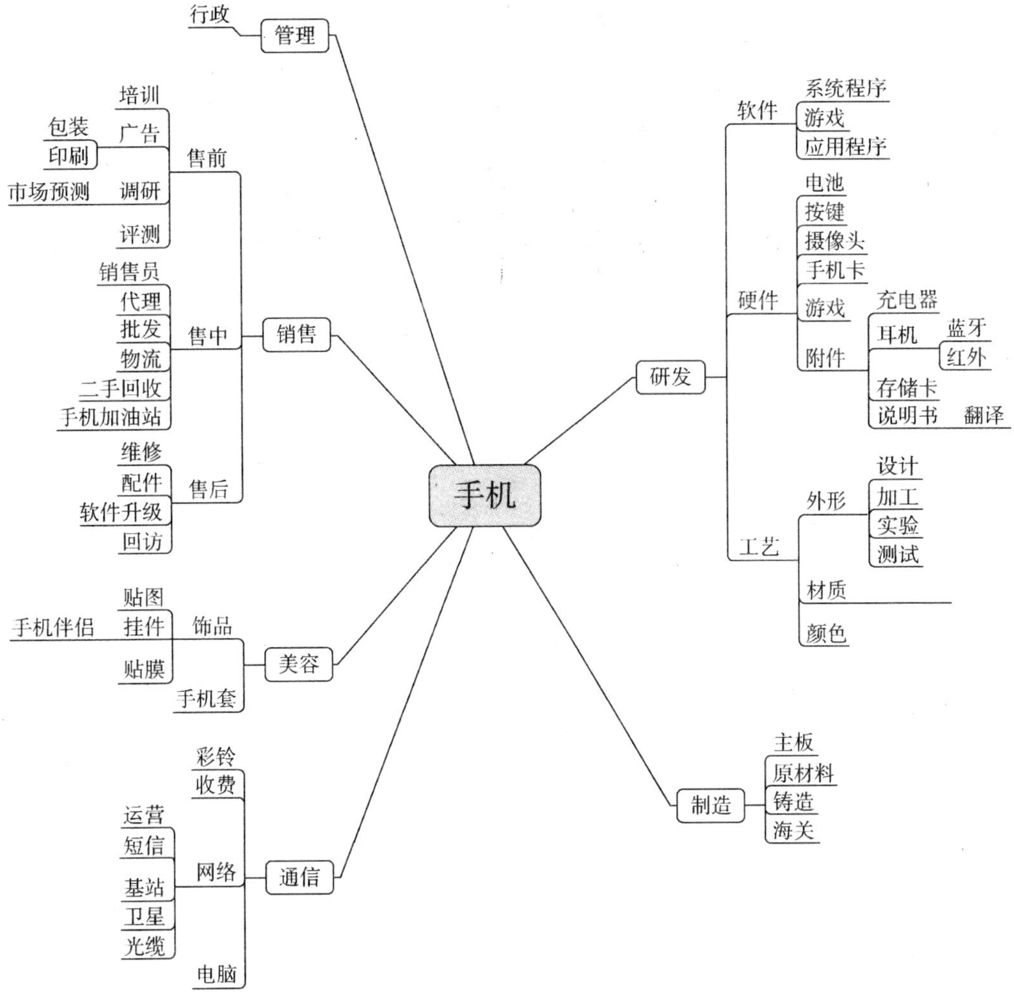

图 3-2 手机的相关职业

通过网络进行搜索，了解通信行业的未来发展趋势，你认为与手机相关的哪些职业可能会淘汰，哪些新的职业会出现？为什么？

为了了解以上职业的准确信息，你认为还需要采取哪些手段或方式进行深入的探索？

第二节 洞察职场实情 掌握探索方法

【案例故事】选对行业，驶入职场发展高速路

一个人的职业发展，王思个人觉得主要是受内外两个方面的影响。内部因素，与你个人有关，比如你的学历、职业技能、努力程度及个人性格特质等。外部因素，即所在企业的知名度、影响力，公司的企业文化、发展前景等等。而行业，却是我们往往会忽略的一个方面。

王思曾经花了大把的时间、精力以及金钱，去到日本留学，回国后去到了一家物流企业做日语翻译。但是因为这个行业太原始，并没有多少技术含量，竞争也太惨烈，使得王思待了二年多工资始终没有上涨，就连基本的五险一金也是在入职一年后才缴纳。

而她的同学夏莹，和王思年龄相仿，但专业技能、经验及背景远不如王思小姐，却因为身处一家互联网公司，除了开放的工作氛围、优越的工作环境，还能享受每天的下午茶点和高于王思的薪酬和福利。

人生努力固然重要，然而，选择站在正确的位置同样也很重要。雷军说："站在风口上，猪也能飞上天。"你站对了位置，能达到事半功倍的效果，站错了位置，怎么努力都不行。

王思自己对此也深有体会，她后来从物流企业转到快消零售行业的人力资源岗位工作，这个行业决定了是以基层销售员工为主，员工整体素质水平和需求不同，导致招聘量及员工离职率，较之其他行业要高。行业性质决定了人资的工作重点不在于人力资源规划，更多时候是沉浸在琐碎的事务中和具体事务的执行，导致工作的成就感也比较低。

现在王思所处的商业地产，琐碎性事务工作少了很多，更多的是用专业素养和经验去影响其他的人，做好制度建设和流程化、规范化管理是工作的重点。

行业性质的差异，决定了你的时间和精力会花在不同的侧重点上。而人的精力是有限的，这就不得不让你思考，哪些行业会提高你的附加值，哪些仅仅是在消耗你的时间和精力而已。

当然，每个行业都有其自身的特点，不同的行业经营模式也不同。没有绝对的好或不好，只有适合与不适合。那面对就业或转行时，如何选择适合自己的行业，王思提出三点：

1. 先了解自己的性格，适合什么样的行业，以及所处的阶段。

生性懒惰的人做不了服务业，因为你天生就不是能吃苦的人。不爱追赶潮流的人，也进入不了时尚圈，因为对美没有敏感度。

你是刚毕业处在一个急需经验积累的阶段，还是一个有多年经验的职场老人，不同的阶段和需求，在行业上的选择也会不同。有些行业非常能锻炼人，可以让你更快的成长，

吸收很多宝贵的经验。而有些行业一旦选择了，待的时间越长，你的职业之路会越走越窄。

2. **选择一个全新的行业之前，先去了解它。**

选择一份全新的行业之前，千万别冲动的以为：未知的都是美好的！未知同时也代表着风险和可能的不适应。所以在转行之前，一定要做好相关功课，问自己以下的问题：为什么要选择这个行业，理由是什么？这个行业的现状如何，是在走下坡路还是有着很好的前景？现在这个行业里和你做同样工作的人，他们最高能做到什么样的职位，拿什么样的薪水？信息越广泛越完整，对于你的决定越有利。

3. **选择自己喜欢的，能发挥自己所长的行业。**

职场新人在刚开始就业前，总会有些迷茫。于是，很多人要么随大流，别人做什么我就做什么。要么抱着试试看的态度，不行我再换。虽然我们需要一些时间去寻找和磨合，但请在决定之前再慎重一些，对自己各方面情况做一些分析，喜欢什么，不喜欢什么，哪些方面擅长，哪些又存在弱势。选择更适合自己的行业。

因为你不经过考虑就进入一个行业，时间太短，有爱跳槽的嫌疑。而稳定性好，当你想换一个行业时，就比较困难。

案例改编自：《行业，对一个人职业的影响有多大？》

问题：

1. 案例中涉及哪些行业，这些行业中的典型职业有哪些？
2. 你所学专业属于何种行业，这个行业有何特点？

一、探索职业世界的方法

（一）形成自己预期的职业库

很多同学不知道如何进行职业世界的探索，其中一个很重要的原因就是职业世界的信息浩如烟海，根本搞不清应该从哪入手，更谈不上如何进行了。如果有一个探索范围，则会容易很多。通过前面单元的自我探索可以帮助个人初步形成探索的范围。自我探索中的兴趣、性格探索，每一部分最后有相应适合的职业出现。此外，每个人还有自己心目中理想的职业，可以把它们也列出来，这样就获得了一个职业清单，通过分析这些职业的共同点，会启发你想到更多值得探索的职业。结合你的能力和价值观再次从职业清单中进行筛选，最终就得到你预期的职业库。在形成预期职业库的时候，库的大小根据自己的情况要有适当的平衡，通常 5～10 个职业调查是比较适中的。在信息探索过程中，抛开自己固有的想法，保持开放的心态，就容易获得客观的信息。

（二）用职业分类的方法帮助探索职业世界

通过行业（产业）分类和职业分类的方法，也可以深入了解职业世界，具体分类内容在本章第一节已经介绍过。

比如，国家职业标准是在国家职业分类的基础上，根据职业的活动内容，对从业人员工作能力的规范性要求，也是衡量劳动者从业资格和能力的重要尺度。了解职业标准对认识职业准入要求、认识自身与该职业要求的距离有很大的帮助。每年，人力资源与社会保障部都会根据我国的社会经济发展发布一些新兴的职业及职业标准。这些信息，可以帮助同学们探索职业世界。

（三）其他探索职业世界的方法

1. 由近至远的探索方法

所谓近和远，是指信息与探索者的距离。通常近的信息比较丰富，远的信息更为深入；近的信息较易获得，远的信息则需要更多的投入和与环境的互动才能了解。所以，从近至远的探索是一个范围逐渐缩小、了解逐渐加深的过程。图 3-3 列举了从近到远获取信息的一些方式。

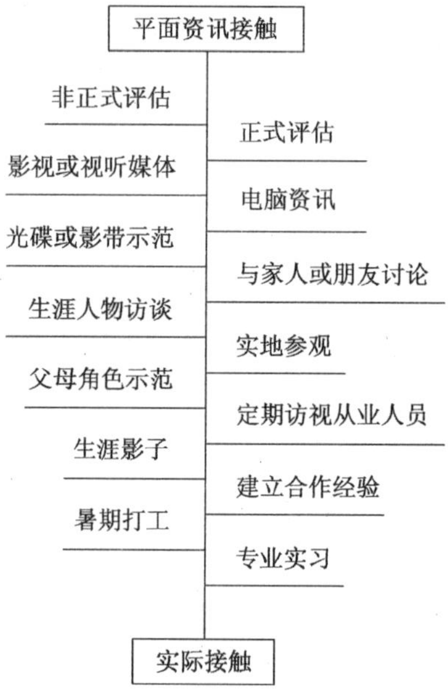

图 3-3　从近到远获取信息的方式

2. 生涯人物访谈

生涯人物访谈是获得具体职业生涯详情最有效的方法之一，是对处在感兴趣职位上的人进行访谈。生涯人物访谈可以帮助学生获取完整而准确的职业信息；获取最新的职业信息；确定专业实力和不足；扩大职业人际关系网；树立工作面试的信心；从内部看组织，以便做好心理准备；对于创业者来说，还可以了解创业过程的困难，做好充分准备。

生涯人物访谈处于近与远的中间，在效率和信息的真实性上有比较好的平衡。这种方式是指同学们对身居自己感兴趣职位的人进行采访。接受采访者最好是在这个职位上已经工作了三至五年甚至更长时间。为防止访谈中的主观影响，应至少访谈三个人物，既与成绩卓然者谈，也与默默无闻者谈。访谈时，同学们应明确访谈的目的是收集能够为职业生涯提供决策帮助的信息，而不是利用生涯人物来找工作，以免引起双方的尴尬。建议同学们在正式进行访谈前，至少做两件事：一是为自己准备一个“30 秒广告”，因为在访谈过程中，对方可能会问到你的一些情况，比如你的职业兴趣和目标等；二是对需要提出的问题做一些准备，这样有助于访谈的深入进行，能够取得较高的效率。

二维码链接 工作对你意味着什么

二、职业探索的十大任务

（一）职业描述

职业描述，就是定义这个职业的内涵。具体包括职业名称，各方对其的定义。在罗列学习别人对这个职业看法后，你也要给这个职业下一个自己的定义，为自己的职业报告做好第一笔准备。职业描述是对职业最精练的概括和总结，是透彻理解职业和调研职业的基础，其实给职业定义的每个字都是要仔细思考的，因为日后你要做的事情全是对定义的拓展而已。一般来说每个职业都有固定的定义，可以参照人力资源和社会保障部组织编写的《中华人民共和国职业分类大典》，来了解职业的详细介绍，而且会定期增加社会新出现的职业信息。

（二）职业的核心工作内容

每个职业都有核心的工作职责，职责背后对应的就是工作内容。了解职业的核心工作内容，有利于了解完成工作内容背后的必须要胜任的工作能力，这样就很容易找到和自己之间的差距，从而有目的地补充相关能力以完成工作内容。在大多程度上了解工作内容，是衡量一个人对工作的熟悉和喜欢的重要标准。成熟的职业都有权威人事部门给其总结确定的核心工作内容，一些企业的招聘广告中有对工作内容的描述，也可以请教行业协会，或是从事这个职业的资深人士、一般企业的人事部门和直接部门经理也有对职业的具体感悟。

（三）职业的发展前景及其对社会和生活的影响与作用

职业的发展前景，是国家、社会等对这个职业的需求程度，具体包括三个方面，职业在国家阶段发展中的作用、职业对社会和大众的影响以及职业对生活领域的影响。对于求职者来说，不仅仅要知道这个职业对国家、对社会、对行业有用，也要了解这个职业对大众、对生活的影响，人们对其的依存度和声望度怎样。职业的发展前景，尤其是国家的导向是促进职业发展的黄金动力，知道你日后从事职业的发展轨迹就能更好地判断自己是否能切入及如何选择切入点，尤其要注意对大众对生活的影响，因为大众的才是永恒的。职业在国家发展中的作用一般都有劳动部门的权威预测，但对社会和生活的影响才是真正要自己去调研的，要去访问这个职业的资深人士。

（四）薪资待遇及潜在收入空间

职业是社会分工的产物，职业根据参与社会分工的量来确定相应的报酬，在不同的行业、企业、岗位上还有一些潜在的收入空间。能赚多少钱是大家都关心的话题，很多人也会把赚钱多少作为择业的关键因素，所以在考量职业时要重点调研职业的薪资状况。每个职业起薪都差不多，能力不断提升的背后就蕴藏着高薪。每个职业都会被薪资调查，多数是由猎聘求职中介进行，如前程无忧等；有些也通过网络媒介来获取，如网友们在互联网平台晒工资等。

（五）岗位设置及不同行业、企业间的差别

岗位设置，一般来说是指一个职业有一系列岗位划分的，如人事工作的岗位分招聘、考核等很多具体岗位，而不同行业、不同性质、不同规模的企业对岗位的划分和理解也是有很大不同的，很可能同样都叫一个名字，但干的活却完全不一样。了解职业的岗位设置，能加深对职业外延的理解，知道职业的具体岗位后，可以了解到该职位的性质、对人才的要求等，就可以有针对性地将自身条件与职位进行匹配。不同行业对职业（岗位）的理解和要求也是有差异的，而具体的企业就是千差万别了。一般来说，人事权威网站、职业分类大典、业内资深人士是比较了解这个职业的具体岗位设置情况的。

（六）入门岗位及其职业发展通路

入门岗位是指针对应届毕业生的工作，职业的一些中低端岗位是面向大学生开放的。在了解入门岗位的同时，还要了解该岗位的日后职业发展道路，发展途径及最高端岗位。入门岗位是提供我们毕业生的敲门砖，所以，你一定要知道你能通过哪些岗位进入这个职业。应届生岗位可从每年的校园招聘中了解到，也可通过校园招聘网站搜索获得。

（七）职业标杆人物

职业标杆人物，就是在这个领域谁做得最好，他是怎么做到的，他都取得了什么成绩，遇到了什么困难，具备什么素质等，每个职业都有一流的人物，无论是国内还是国外的。研究职业标杆人物，可以让自己了解他的奋斗轨迹，让自己在“追星”中加深对职业的了解，也会让你找到在这个职业领域奋斗的途径。当你在网上搜索这个职业时，一般就会找到职业标杆人物，图书馆也有很多这方面的书籍。当然，如果有机会接触到业内资深人士，那么，也可以在与他们的沟通交流中获取经验和信息。

（八）职业的典型一天

职业的典型一天，更多是在访谈中完成的，你要知道这个工作的一天都是怎么过来的，从早上到回家的时间都是怎么安排的。了解职业的典型一天是判断自己是否适合这个职业的重要指标，如果你不喜欢该职业的一天，就不用再为之而努力去学习去准备去做这

个职业了，所以这个过程是很关键的。尤其是这个工作对你个人生活的影响，看你能否接受。职业的典型一天，在职业的核心工作内容中会有涉及，但具体到个人的资料就不多了，所以更多的还是要你去访谈做这个职业的人，这样也才更真实。

（九）职业通用素质要求及入门具体能力

职业通用素质要求是指从事这个职业的一般的、基本的要求。主要是个人通用素质能力，就是能把这个工作做好的要具备的能力。通过职业的外在素质要求的了解，对比自己是否能够胜任，还有哪些要加强和补充的能力，从而可以将之规划到大学生活里。其实每个岗位的岗位描述中的任职资格都有介绍，只是这次要把其整理出来，尤其要加上职业访谈中的内容，列出十项最常用的能力，然后与自己一一对照，可以促进发现和认识自我。

（十）工作与思维方式及对个人的内在要求

工作方式和思维方式是你做好做精工作的保证，有些工作对人的内在要求是很高的，如态度等，这些是从你的内在来判断你是否适合和喜欢一个职业的核心标准。从内在出发来判断是否喜欢是科学的，因为职业是客观的，只是因为你选择了职业才会有是否愿意做、是否合适做等问题的产生，所以当对职业的方方面面进行考量之后，最后一关就是对职业所要求的内在盘点。岗位描述中的任职资格也会有对其内在素质的要求，还有业内普遍认为的个人素质，还要考虑不同行业、不同类型企业的差异。

二维码链接 探索职业世界的方法和途径

体验活动

职业博览会

1. 4～5 人组成一个“职业资料专家小组”，每组选定 1 人为组长，1 人负责记录，其他人为参谋，每组选定一个与同学专业、职业目标比较接近的具体职业或行业，并搜集相关资料；

2. 重新安排桌椅，以便开展“职业资料新闻发布会”；

3. 每组选 1 人进行 5 分钟左右的“职业资料发布”演示（最好用 PPT 等多媒体手段），包括职业的工作内容，对应聘人的要求等；

4. 演示完毕，全体组员到前台接受其他同学的咨询，时间为 5 分钟左右；

5. 其他各组同学就准备的职业资料情况、演示现场和答询反映进行打分。

6. 讨论：

（1）如何才能收集到正确、完整的职业资料，都有哪些搜集职业信息的渠道？

____

____

____

（2）各组介绍的职业中，哪个或者哪些吸引你，理由是什么？

____

____

____

第三节　评估职业信息　提升分析能力

【案例故事】重视信息，让职业发展事半功倍

马志，青少年工作与管理专业毕业生，现供职于某机械行业研究所，负责党群工作。十多年的工作积累与沉淀，使其在工作中游刃有余，出色的工作表现让他赢得了单位领导和同事的一致好评。

然而，马志初入职场时并没有那么顺利。他坦诚地讲，在学校时并没有太多的关注职业信息，想当然地认为，应该毕业之后再考虑就业的事情。然而毕业临近，他才发现自己对职业信息认知太少，面对无数的就业信息，感觉无从下手。因此盲目投递了很多简历，但都没有回音，这种状况几乎让他失去了信心。恰在此时，有一家教育培训机构提供了工作机会。本着先找个工作干的心态，马志就这样开始了自己的职业生涯。虽然他能够胜任这份工作，然而他发现自己的能力、兴趣等在工作中难以得到发挥，这使他很失落，很惆怅。

马志觉得，找一个适合自己的工作很重要，哪怕多花一点时间，也要找对方向。他认真地进行了自我分析。通过向身边的老师、学长、亲戚朋友请教，他发现，父母都是国企的技术人员，希望子承父业，但他所学是文科专业，看似难以达成父母的期望。从教育背景和自身特点看，他有扎实的文学功底，有学生干部的经历，沟通协调、组织能力强，性格稳重，比较适合行政工作。

在确定了国企、行政两个关键词后，按照这个定位，他开始有意识地翻阅行业报刊、浏览行业网站、招聘网站，同时，也告知家人、师长、朋友，请他们留意相关信息。通过关注北京市政府等网站，他发现北京的科研院所相当多，这让他坚定了信心，开始有针对性地投递简历。功夫不负有心人，一家研究所招聘党群工作岗位的信息引起了他的关注，他认为研究所跟父母工作单位的氛围很相近，从小有这方面的熏陶，岗位跟自己的专业也

比较对口，自己的能力和经历也能够胜任工作内容，经过认真准备，他顺利通过面试，走上了理想的工作岗位。

在工作岗位上，他发现对职业信息的掌握依然重要。利用以前搜集信息的经验，他对工作机构的历史、文化等进行了梳理，在这个过程中，完成了从学校人到社会人，从社会人转向企业人的转变。这些经历，为他带来了意想不到的收获：在研究所50年庆典之际，马志利用收集的资料，编写了一本很有价值的纪念册，里面收集了该企业50年的历史、重大项目成果等，得到了领导的好评。

正确的分析与评估来源于日常的积累，这样才能厚积薄发。马志建议学弟学妹们要未雨绸缪，在校期间就要关注职业信息，有针对性地提升自己的能力。要在工作中学习、成长，充分发挥自己的人际关系，着眼于未来，把视野扩宽。遇到问题的时候，不要气馁，而是要认真分析，想办法着手去做，“把手长在嘴前面”。机会总是垂青于有准备的人，只有自己的基础打实，才能有效应对困难，做到更好。

问题思考：

1. 对马志而言，职业信息有何作用，包含哪些内容？他是如何搜集职业信息的？

2. 你对哪个行业（或者工作岗位）感兴趣，为了自己的发展，你准备怎样搜集利用职业信息？

一、社会环境的宏观分析

同学们在大学的学习，是一个职业准备的过程，最终将会走向职业世界，成为一名职业人。同学们的学习和成长，也离不开社会大环境的影响。社会政治经济形势、产业结构调整、社会舆论导向等都会在同学们思想上产生影响；70后、80后、90后等在社会环境中流行的价值观、思潮也会在同学们脑海中留下烙印。

同学们在进行职业规划时，要充分认识到社会环境对职业生涯的影响，要注意分析社会环境的基本特点，了解社会环境的发展变化，还要认识在社会环境条件中，哪些是自己今后走向职业岗位的有利条件，哪些是不利条件等等。同学们只有充分了解社会环境因素，才能做到在复杂的社会环境中找到自己的职业位置，职业生涯规划才能具有实际的意义。

（一）经济环境

1. 经济形势

经济形势的变化对职业的影响是最为明显又最为复杂的。当经济处于萧条时期，企业的效益降低，对人力资源的需求减少，因而职业选择和职业发展的机会相对减少；当经济处于高速发展时期，企业处于扩张阶段，对人力资源需求量增加，职业选择和职业发展的机会相对增多。

2. 劳动力市场供求状况

劳动力市场的供求状况对职业选择和职业发展产生重要影响。如果某类职业的人才供不应求，则职业选择和职业发展的机会增多；相反，某类人才供过于求，职业选择和职业发展的机会减少。

3. 收入水平

社会对人力资源的需求是一种派生的需求，当人们的收入水平提高时，对商品消费的需求会增加，企业扩大生产，从而增加对人力资源的需求，职业选择和职业发展的机会增多；相反，职业选择和职业发展的机会减少。

4. 经济发展水平

在经济发展水平高的地区，企业相对集中，优秀企业也比较多，个人职业选择的机会就比较多，因而就有利于个人职业发展；反之，在经济落后地区，个人职业发展就会受到限制。

（二）政治法律制度环境

1. 政治环境

政治因素主要涉及国家的方针、政策，影响职业的政治因素包含教育制度、政治体制、经济管理体制、人才流动的政策等。政治和经济是相互影响的，政治不仅影响到一国的经济体制，而且影响着企业的组织体制，从而直接影响到个人的职业发展；政治制度和氛围还会潜移默化地影响个人的追求，从而对职业发展产生影响。

2. 法律制度环境因素

法律制度因素是指中央和地方的有关法规规定，如政府有关人员招聘、工时制、最低工资的强制性规定，现行的户籍制度、住房制度、人事制度和社会保障制度，这些因素都会对职业的选择和发展产生重要的影响。

（三）文化环境

社会文化环境包括教育条件和水平、社会文化设施等。

在良好的社会文化环境中，个人能受到良好的教育和熏陶，从而为职业发展打下更好的基础。社会文化是影响人们行为、欲望的基本因素。社会文化反映着个人的基本信念、价值观和规范的变动。

（四）价值观念

一个人生活在社会环境中，必然会受到社会价值观念影响，大多数人的价值取向，甚至都是被社会主体价值取向所左右的。一个人的思想发展、成熟的过程，其实就是认可、接受社会主体价值观念的过程。社会价值观念正是通过影响个人价值观而影响个人的职业选择和职业发展的。同学们在进行职业生涯规划时，要坚持正确的价值观念，认可、接受社会上积极进步的价值观。

二、行业环境的中观分析

行业的整体发展状况会直接影响到个体的职业发展，同学们进行职业生涯规划时有必要对自己的目标行业进行全方位的解读，更好地了解职业世界。行业环境分析的主要内容包括：

（一）行业的内涵与外延

对行业的定义，不同的角度会有不同的解释，同学们应该尽可能去搜集、整理各个不同的定义，对行业有一个精准的认识。同学们可以参考《中华人民共和国职业分类大典》的权威解释，了解整个行业的概况，并且熟悉行业内的细分领域，进而探索行业的全貌。

（二）行业现状及发展趋势

国家各级行业主管部门或者社会研究机构，每年都会推出各种行业分析报告，这是了解行业现状和发展趋势的最好资料。通过网络、图书或者听讲座等方式，了解该行业在国民经济发展中的地位，了解该行业当前的发展现状，探索其未来的发展趋势。

（三）行业人才需求状况

各行各业都有其准入门槛以及对人才素质能力的基本要求，了解行业人才需求状况，是进入行业的前提。所谓行业的人才需求状况，是指这个行业人才胜任能力标准，人才发展前景，人才培养目标及人才晋升路径。了解越详细，个人的职业定位也更加清晰，职业规划也更具有针对性。

（四）行业的社会评价与社会声望

行业不是孤立地存在于职业世界之中的，多倾听社会各界人士对该行业的评价，了解该行业的整体社会声望情况，也是进行职业选择与规划的参考依据。对行业的评价向来都是仁者见仁智者见智的，行业的社会声望也会是褒贬不一，在不同的舆论和倾向的影响下，同学们应该端正自己的认识，不宜随波逐流，人云亦云。

（五）行业代表人物

了解行业的代表人物是了解行业的一个较好的手段。三百六十行，行行出状元，各行各业都有自己的代表人物，通过调研行业代表人物的先进事迹、成长历程，可以加深对该行业的认识与了解。相反，了解行业反面典型的失败经历，也能够从侧面知道行业存在的风险与弊端，树立对行业全面、客观的认识。

（六）行业规范及标准

每个行业都有自己的行业标准及规范，这些规范可能是明示的，也有可能是潜在的；这些标准有可能是国家制定的标准，也有可能是行业内部的标准，这些都是了解行业的大好机会。行业的规范及标准代表了行业的人才准入门槛以及从业人员基本守则，掌握了该行业的规范与标准，也为进入该行业铺平了道路。

（七）行业知名企业名录

行业是由一系列细分领域内的企业共同组成的，这些企业既互相竞争，又互相依存，共同推动行业的发展与进步。行业知名企业一般是该行业发展的缩影，代表了该行业的最高发展水平，因此了解行业的标杆企业是了解该行业的最好方法。

三、岗位环境的微观分析

（一）岗位环境分析的内容

岗位是企业的组织细胞，也是个体实施职业行动的具体位置，同学们进入企业之后，都是在具体的岗位上开展工作，接受部门负责人的领导，实现自己的价值。岗位环境分析的主要内容如下：

（1）岗位工作内容是什么；

（2）岗位责任人是谁；

（3）工作岗位及其工作环境条件；

（4）岗位操作规范及操作守则；

（5）岗位职责与任职资格；

（6）与相关岗位工作人员的关系要求。

为了收集这些用于岗位分析的信息，一般采用访谈法、问卷调查法、观察法、关键事件法、工作日志法等。

（二）岗位环境分析的方法

1. 访谈法

访谈是就某一岗位的访谈对象，按事先拟订好的访谈提纲进行交流和讨论。访谈对象包括该岗位的任职者，对工作较为熟悉的直接主管人员，与该岗位工作联系比较密切的工作人员。为了保证访谈效果，一般要事先设计访谈提纲。进行访谈时要遵循以下方法：

（1）所提问题要和岗位分析的目的有关；

（2）访谈人员语言表达要清楚、含义准确；

（3）所提问题必须清晰、明确，不能太含蓄。

2. 问卷调查法

问卷调查法就是根据岗位分析的目的、内容等，事先设计一套岗位问卷，由被调查者填写，再将问卷加以汇总，从中找出有代表性的回答，形成对岗位分析的描述信息。问卷调查的关键是问卷设计。问卷设计形式分为开放型和封闭型两种。开放型：由被调查人根据问题自由回答。封闭型：调查人事先设计好答案，由被调查人选择确定。设计问卷时要做到：①提问要准确；②问卷表格要精练；③语言通俗易懂，问题不可模棱两可；④问卷表前面要有指导语；⑤问题排列要有逻辑。

3. 观察法

观察法就是在不影响被观察人员正常工作的条件下，通过观察将有关工作的内容、方法、程序、设备、工作环境等信息记录下来，最后将取得的信息归纳整理为适合使用的结果的过程。

4. 关键事件法

关键事件法要求岗位工作人员或其他有关人员描述能反映其绩效好坏的“关键事件”，即对岗位工作任务造成显著影响的事件，将其归纳分类，最后就会对岗位工作有一个全面的了解。关键事件的描述包括：导致该事件发生的背景、原因；员工有效的或多余的行为；关键行为的后果；控制上述后果的能力。

5. 见习日志法

见习日志法是以记录见习日志或者工作笔记的形式记录日常工作活动，而获得有关岗位工作信息资料的方法。其优点在于，可以更容易了解岗位的具体工作状况。

二维码链接 什么是最适合你的工作环境

体验活动

我的愿望

同学们写出七件感到高兴、骄傲，而且希望自己经常从事的活动，也可以写一些自己很喜欢做但未做过的活动。对于自己所提到的每一项活动，问自己如下问题：“它与工作或职业有关吗？”如果是就在该活动后面把职业的名称写下来。

你希望常常从事的活动　　与工作有关吗　　工作或者职业的名称

1. ____________________
2. ____________________
3. ____________________
4. ____________________
5. ____________________
6. ____________________
7. ____________________

实践拓展

生涯人物访谈

结合自己的兴趣、技能、职业价值观、教育背景和已掌握的职业知识找出未来最可能从事的职业，然后在该职业领域寻找一位在职人士作为访谈对象。生涯人物可以是自己的亲人、老师和朋友，可以是他们推荐的其他人，也可以借助行业协会、大型同学录或某个具体组织的网站来寻找。

具体访谈记录如下：

1. 您是如何找到这份工作的？

____

2. 您的职位是什么？您的主要职责是什么？

____

3. 从事此行业的人做些什么？

____

4. 工作地点一般在哪里？

____

5. 在行业内，先从什么样的工作岗位做起，能学到最多的知识，最有益于发展？

____

6. 工作场所性质有哪些特征？

____

7. 在工作方面，您每天都做些什么？

____

8. 您在做这份工作时，日常面临的问题是什么，什么最有挑战性？

____

9. 就您的工作而言，您最喜欢什么？最不喜欢什么？

____

10. 个人的主要成就是什么？最成功的是什么？

____

11. 在这个职位上，如果想获得成功必须拥有并保持什么样的能力？

____

12. 目前还缺乏的必须改进的能力有哪些？如何改善？

____

13. 在您的组织中，在同样一个岗位上能够把成功和不成功区别开来的行为是什么？

____

14. 您认为做好这份工作应该具备哪些知识、技能和经验？

____

15. 目前，行业内要求从事这份工作的人应该具备什么样的教育和培训背景？

____

16. 您认为什么样的个人品质、性格和能力对做好这份工作来讲是重要的？

____

17. 这项工作需要的个人品质、性格和能力与别的工作要求有什么不同吗？

18. 学校中的哪些课程对这个行业比较有帮助？

19. 行业内，单位为刚进入该领域工作的员工一般会提供哪些培训？

20. 在您的工作领域里初级职位和略高级别职位的薪水一般是什么水平？

21. 这个行业是否有季节性或地理位置的限制？

22. 这个行业存在的困难及前景如何？

23. 据您所知，有什么职业杂志、行业网站或其他渠道能帮助我深入了解这个领域？

24. 您的熟人中有谁能够成为我下次采访的对象吗？可以说是您介绍的吗？

25. 通过访谈，你有哪些收获？

专家视角

一、近年来最热门的十大行业

（一）电子商务业

薪酬水平：年薪 4 万～20 万元

需求职位：网站运营经理、网站策划人员、平面设计师等

需求技能：平面设计、网站设计、网站策划

行业背景：随着“互联网＋”的发展，越来越多的传统企业开始将自己的业务与互联网结合，中国的电子商务已经达到了前所未有的发展高度。如何利用电子商务平台盈利一直困扰着参与者。中国的电子商务还没有找到一个平衡发展和利润的好方法，而随着新的电子商务交易规模和用户的扩大，极大地刺激了互联网经济的高速发展。

（二）健康管理业

薪酬水平：年薪 10 万～30 万元

需求职位：育婴师、公共营养师

行业背景：它的准确定义为，从事个体或群体健康的监测、分析、评估以及健康咨询、指导和危险因素干预等工作的专业人员。国家正在推广实行的“全民健康管理工程”，是一项系列化、数字化的庞大工程，必须由国家、集体、个人共同完成，其具体工作须由健康管理师来完成。据推算要完成这一工作至少需要 200 万个受过专业训练的健康管理师，而目前我国从事这一方面的专业人员不超过 10 万人，人才缺口非常大。

随着健康理念的不断普及，健康消费的热度正在上升。从百姓早起排队体检，到网络在线预约；从跑步打球，到专业的健身塑形；从便捷的健康仪器，到轻便的“互联网＋”可穿戴式智能健康管理设备……在人们生活水平不断提高以及健康意识的不断增强中，健康消费日趋多样。健康消费这个大蛋糕的增长潜力与日俱增，资本和人才也都开始向这个行业聚集。此外，“互联网＋医疗”的发展模式给健康产业发展带来更多机遇。如今，消费者普遍意识到预防疾病的重要性，开始定期健康体检。

（三）金融行业（互联网金融行业）

薪酬水平：年薪 5 万～30 万元

需求职位：理财师、银行大堂经理、客户经理、理财顾问等

需求技能：会计初（中）职称、注册会计师、精算师

行业背景：招聘网站数据显示，金融行业在应届毕业生首选雇主排名中一直位列前三，在互联网的强大影响下，互联网金融高速发展，专业人才需求旺盛，正出现“人才荒”，这为应届毕业生进入金融业提供了一个重要的机会。此外，互联网金融学校招聘季即将启动，这也展现了互联网金融作为一个新兴领域，朝气蓬勃的发展景象。

互联网金融指的是传统金融机构与互联网企业利用互联网技术和信息通信技术实现资金融通、支付、投资和信息中介服务的新型金融业务模式，比如网络借贷、互联网支付、股权众筹融资、互联网基金销售、互联网保险、互联网信托和大数据金融等多种业态。

互联网金融具有低成本与便捷化的特点，不但能丰富传统金融市场的层次和产品，而且能助力微小企业融资，助力“大众创业、万众创新”。因此，互联网金融正备受市场青睐。

（四）旅游行业

薪酬水平：年薪 5 万～20 万元

需求职位：景区管理人员、旅游管理人员、导游等

需求技能：外语

行业背景：从产业层面来看，旅游业的市场主体在创业创新的驱动下，越来越多元化，旅游已经成为“大众创业、万众创新”最为活跃的领域之一。

数据显示，2016 年国内旅游人数达 44.4 亿人次，同比增长 11%；国内旅游收入达 3.9 万亿元，同比增长 14%。国内旅游、入境旅游稳步增长，出境旅游理性发展，旅游经济继续领先宏观经济增速。入境旅游人数 1.38 亿人次，同比增长 3.8%，其中外国人入境 2 814.2 万人次，同比增长 8.3%；国际旅游收入 1 200 亿美元，同比增长 5.6%；出境旅

游人数 1.22 亿人次，同比增长 4.3%；旅游服务贸易顺差 102 亿美元，较上年增长 11.5%。可见，我国旅游行业前景可观。

（五）文化产业

薪酬水平：年薪 6 万～25 万元

需求职位：动漫设计、游戏特效大师、会展策划、演艺经纪人等

行业背景：近年来，我国高度重视发展文化产业，采取了一系列政策措施，深入推进文化体制改革，加快推动文化产业发展。中国文化产业发展将呈现五大趋势：一是文化资源进入大调整、大整合的时期；二是文化与科技的融合步伐不断加快；三是行业界限越来越模糊；四是文化与旅游及制造业的结合越来越明显；五是文化产业发展已经从自发转向自觉。

（六）现代物流业

薪酬水平：年薪 3 万～25 万元

需求职位：单证员、物流管理、物流项目经理、库管员等

需求技能：物流师、采购师

行业背景：在我国，物流产业是新产业，仅有 20 多年的历史。进入 90 年代，各种专业化的物流服务企业在欧美发达国家大量涌现并呈现出快速的发展趋势，由此而形成了物流产业，并成为发达国家服务业中的一个重要组成部分。由年年“双 11”的火爆，可看到国内物流业的强劲发展势头。

（七）商贸零售业

薪酬水平：年薪 4 万～15 万元

需求职位：商场管理、运营经理、督导会展策划等

行业背景：我国零售业的竞争正在随着市场的发展和开放而日益加剧。同时，快速增长的市场需求，以及日益激烈的市场竞争和不断膨胀的业务规模，均对我国零售企业的经营管理提出了新的要求。

（八）电子行业

薪酬水平：年薪 5 万～16 万元

需求职位：电子工程师、质量系统工程师、生产科长等

行业背景：电子信息产业具有产业规模大、技术进步快、产业关联度强等特征，是经济增长的重要引擎，更是我国国民经济重要战略性产业。近年来，世界各国纷纷推出了新的电子信息产业发展战略。美国注重各种智能系统和先进通信技术的发展，并在出台的经济刺激计划中重点关注医疗电子和光伏、光电子等新兴信息技术的发展。

（九）医药行业

薪酬水平：年薪 5 万～25 万元

需求职位：新药研发、药物分析、制剂研发人员等

行业背景：医药产业是朝阳产业，国家实施医改政策几年来，医疗产品需求的增长和医疗制度红利奠定了医药产业增长的基石。医药行业是按国际标准划分的15类国际化产业之一，被称为“永不衰落的朝阳产业”。

它包括医药工业和医药商业，其中医药工业按原材料来分，又可分为化学制药业、中药业、生物制药业及医疗器械业。

（十）建筑业

薪酬水平：年薪8万～30万元

需求职位：工程监理、道桥工程师、建筑施工人员等

需求技能：一级建筑师、二级建筑师、工程造价员

行业背景：建筑业主要受宏观经济增长及固定资产投资等因素所驱动。受国内宏观经济调控影响，短期内建筑业增长有所放缓，但从长期看，在国内城市化进程加速以及国际承包业务逐渐成熟的大背景下，我国建筑业具有广阔的发展前景。①

二、未来需要什么样的人才

由于产业的升级，未来中国将逐步淘汰低效率、低技能的劳动力。而高端市场的竞争非常激烈，所以公司对人才的要求也会越来越高。

那未来需要什么样的人才呢？

（一）“一”字型人才

“一”字型人才掌握的知识面非常广，他们平常可能很喜欢阅读，所以懂的东西非常多。但对于各种类型的知识他们都只停留在表面没有深入了解。

这种人的性格很可能是活泼型，他们对新鲜的事物非常感兴趣，但没有耐心去深入学习，很容易被新的知识点给吸引过去。

知识面广的人有一个好处，在面对难题的时候他们可以想出许多不同的解决方案。他们会有很多的主意，有非常广的知识与较多的思路，面对问题总是有新的想法与方案。

（二）“1”字型人才

“1”字型人才属于典型的研究型人才，大学里做研究的就属于这一类。他们喜欢深入了解一件事情有钻研精神，在自己专属的领域是绝对的专家。但如果不是在研究范围内的东西，他们可能了解得就比较少了。

“1”字型人才的性格多是完美型或和平型，能够耐得住寂寞与新事物的诱惑，他们的专注力非常强大！这类人才如果研究的成果属于当下趋势，可能花上一辈子心血最终可以取得巨大的成就。

但如果你不是搞研究或研究的东西很冷门，那潜在危机就是如果外在环境改变，让你

---

①史梅．大学生就业与创业指导．高等教育出版社，2010.

不得不离开熟悉的区域，那将是灾难性的打击。由于过度专注在一个领域，很可能无法适应新环境的需求。

（三）“T”字型人才

“T”字型人才是中国现在比较推崇的人才理论，这类人有较宽广的视野与知识面，但在某一领域他们又可以称得上专家。宽广的视野在一定程度上可以让他们的专业知识得到升华，可以让他们跳出专业的思维陷阱从另外的角度去审视问题。

他们有时候也可能是做过研究，有较高的学历，只是他们乐于接受新鲜的事物。很可能这类人在知识面的宽度上不及“一”字型人才，在深度上也不及“1”字型人才。但好处在于他们比较平衡，所以适应能力比较强。

（四）“钉耙”型人才

前三种人才类型都比较常见。但随着退休年龄不断推后，人的一生可能会经历多个不同的职业生涯。加上公司结构越来越复杂，工作的复杂度越来越高。一个人往往身兼数职，既需要有全局观，又要能从不同专业的角度看问题。慢慢就产生了“钉耙”型人才模型。

“钉耙”型人才是在“T”型人才上演变而来的，它不但要求人们有较广的知识面，在某一领域有较强的竞争优势。它还要求人们在许多不同领域有一定知识与技能的积累。这样他们就可以在不同的部门之间进行协调，在做决策之前也可以站在不同专业角度进行有深度的思考。

如果看完后发现没一项符合自己，那是时候好好反思一下了！自己是否要提升了！我们应该先开发知识的宽度还是深度呢。参考建议是：先开发自己知识的宽度，明确目标后开发知识的深度。

（引自：http：//www.xinli001.com/info/100017139，有删改）

三、八类大学生更容易得到用人单位青睐

（一）在最短时间内认同企业文化

某石油企业人力资源部的负责人介绍说，“我们在招聘时，会重点考查大学生求职心态与职业定位是否与公司需求相吻合，个人的自我认识与发展空间是否与公司的企业文化与发展趋势相吻合”。

专家提示：“如果想加入这个企业，就要使自己的价值观与企业倡导的价值观相吻合，以便进入企业后，自觉地把自己融入这个团队中，以企业文化来约束自己的行为，为企业尽职尽责。”

（二）对企业忠诚，有团队归属感

企业宁可要一个对企业足够忠诚、哪怕能力差一点的员工，也不愿意要一个能力非凡但却朝三暮四的员工。员工对企业忠诚，表现在员工对公司事业兴旺和成功的兴趣方面，不管老板在不在场，都要认认真真地工作，踏踏实实地做事。

专家提示："企业在招聘员工时，除了要考查其能力水平外，个人品行是最重要的评估方面。那种既有能力又忠诚企业的人，才是每个企业需要的最理想的人才。"

（三）不苛求名校出身，只要综合素质好

某网络公司的人力资源人士表示，"我们公司不苛求名校和专业对口，即使是比较冷僻的专业，只要综合素质好，学习能力和适应能力强，遇到问题能及时制定出可操作的解决方案，同样会受到欢迎"。

专家提示："随着企业竞争的加剧，企业更加关注人才的质量。因为人才是创造产品、提供服务、为企业赢得利润的主要因素，个人综合素质比学历更重要。"

（四）有敬业精神和职业素质

"现在有的年轻人职业素质比较差，曾经有一个年轻人，早晨上班迟到的理由居然是昨晚看电视节目看得太晚了。不及时与同事沟通交流，等到领导过问时才汇报，耽误工作的进展，这些都是没有敬业精神和职业素质差的表现。"某电子公司的人力资源人士说。

专家提示："企业把高素质、忠诚、负责的员工视为最宝贵的财富。敬业精神体现在责任感、主人翁意识、为做好工作而主动学习、注重细节、先付出后回报等方面。"

（五）有专业技术能力

某科技公司人力资源部经理介绍说，"专业技能是我们对员工最基本的素质要求，IT行业招人时更是注重应聘者的技术能力。进入公司后学历高低就不是主要的衡量标准，会更看重实际操作技术，谁能做出来，谁就是有本事，谁就拿高工资"。

专家提示："专业技能是技术含量高的企业很看重的用人标准，对专业人才的选拔可以说是精挑细选。"

（六）沟通能力强、有亲和力

某科技集团人事部的负责人说："我们公司认为，大学生最需要提高的能力是沟通能力。企业需要的是能够运用自己良好的沟通能力与企业内外有关人员接触，能够合作无间、同心同德、完成组织的使命和目的的人。"

专家提示："企业特别需要性格开朗、善于交流、有好人缘的员工。"

（七）有团队精神和协作能力

"我们特别欣赏有团队精神的员工，因为在软件开发和使用过程中，如果有一名员工在一个环节上出现问题，将会影响整个项目的进程。"某软件公司人力资源管理人士说。

专家提示："从人才成长的角度看，一个人是属于团队的，要有团队协作精神和协作能力，只有在良好的社会关系氛围中，个人的成长才会更加顺利。"

（八）带着激情去工作

"企业需要带着热情去工作的人！"某科技公司人力资源人士表示，"我们在对外招聘时，特别注重人才的基本素质。一个没有工作激情的人，我们是不会录用的。"

专家提示：“热情是一种强劲的激动情绪，一种对人、对工作和信仰的强烈情感。一个没有工作热情的员工，不可能高质量地完成自己的工作，更别说创造业绩。”

（引自：《中国人力资源开发》，2005（3）：104—105，有删改）

网上精品视频课程

认识职业与环境

第四章 框定未来——职业生涯决策

本章导图

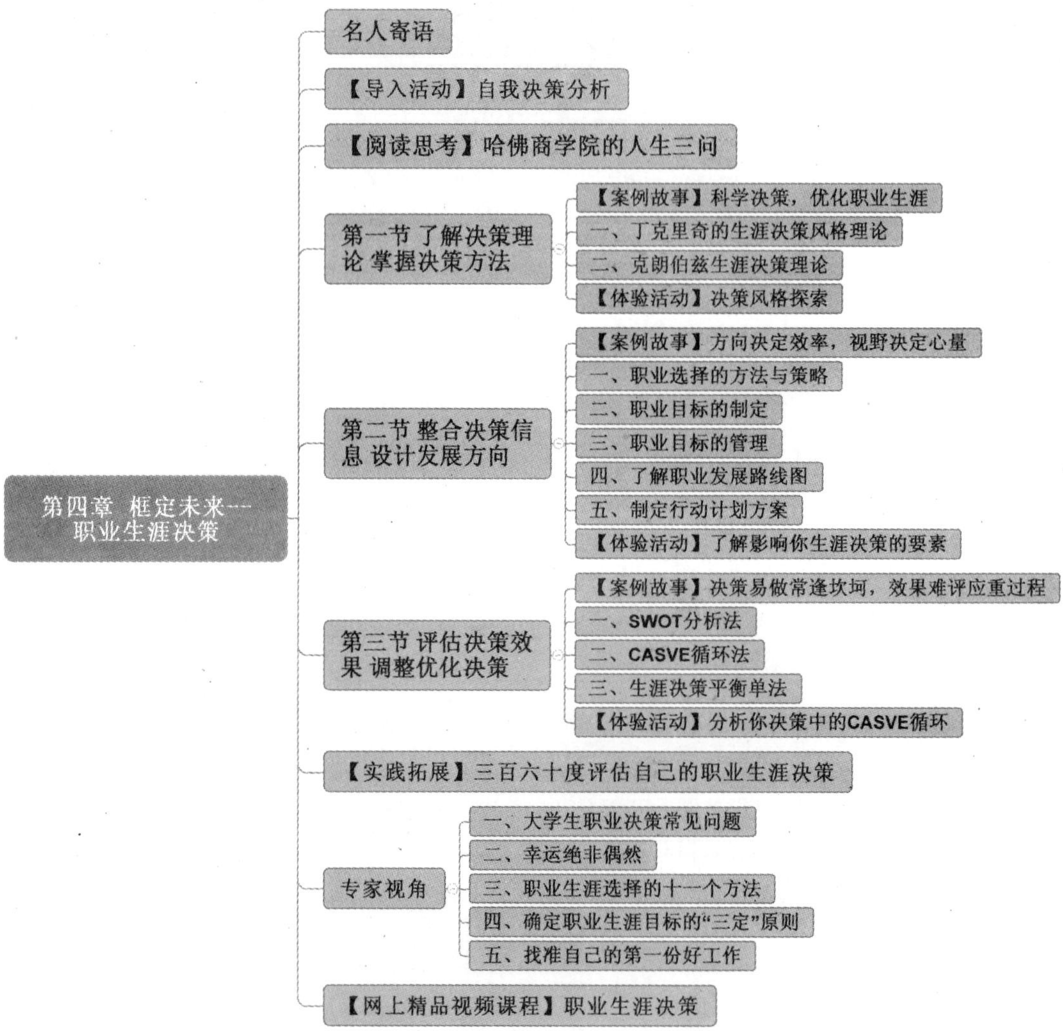

名人寄语

很多人不能明白未来对自己的意义和机会，也很难理解坚持对自己未来的意义，但我们必须明白未来一定会有人因为你的想法而成功。很多人只是想了一想而已，而有的人却是在真正的坚持的做。

——马云

导入活动

自我决策分析

请你回想迄今为止自己人生中所做的三个重大决定，按以下几个部分进行描述并写在下面：

1. ______________________________

2. ______________________________

3. ______________________________

当时的目标或情境是什么？

____

你所拥有的选择是什么？

____

你做出了什么样的选择？你做出该选择的依据是什么？

____

现在你对当时的选择有什么评价？

____

当完成对三个重大决定的描述之后，再综合分析一下，上述三个事件中的决策有什么共同之处，从中可以看出你在做决策时，有什么特点？

____

阅读思考

哈佛商学院教授的人生三问

克莱顿·克里斯滕森是哈佛商学院的著名教授。他教过的课程包括工商管理学及运营策略，没人比他更明白“管理”这两个字的含义，而这是他在哈佛大学给学生们上的最后一节课。

他要求学生们把理论的聚焦镜对准自己，为下列三个问题寻找令人信服的答案：第一，自己怎样确保自己在职业生涯中会快乐？第二，自己怎样确保自己和配偶及家人的关系将成为一种持久的快乐源泉？第三，自己怎样确保自己一定不会进监狱？

他说，尽管最后一个问题听起来像在开玩笑，但并非如此。他当年所带的罗兹学者班32个同学就有2个进过监狱。尽管他们都曾是很好的人，但他们人生中的一些事情把他们引上了歧途。

对于第一个问题，克里斯滕森教授的结论是：如果做得好，管理就是最崇高的职业。其他任何职业都不可能提供这么多的方式来帮助别人学习和成长，来承担责任并因成就而被认可，以及为团队的成功做出贡献。越来越多的MBA学生来商学院时以为从商就是买卖与投资。这是很不幸的。做生意并不能带来那种通过塑造他人而得到的深深的回报。他希望学生在课堂时能明白这一点。

对于第二个问题，克里斯滕森教授的建议是：为人生制定战略。他讲述了1979年毕业的哈佛商学院同班同学的事情。他看到越来越多的人来聚会的时候都是不幸福的，离了婚，与他们的孩子也很疏远。然而，他们中没有一个在毕业的时候就想着以后要离婚或是疏离自己的孩子，然而却有大量的人这么做了。原因何在？这是因为当他们在决定如何利用自己的时间、才能与精力的时候，没有把自己人生的目的放在前面或置于中心。他们在决定如何分配自己的时间、才能、精力的时候，没有把人生的目的放在前面或置于中心。他提醒同学们，学校将是他们深刻考虑这些问题的最后机会，因为人生只会变得越来越严苛。

克里斯滕森教授认为，拥有一个清晰的人生目标非常重要，而要真正理解这个目标更是需要长时间的艰苦思考。当他还是牛津大学的一个罗兹学者（Rhodes Scholar）时，他的学术研究艰难到不可理喻，甚至在同样的时间内增加额外一年多的工作量。但他仍然决定每天晚上花一个小时来阅读、思考。他曾经很矛盾，是否真能承受得起从研究中抽出那些时间，但他还是坚持下来了——并最终明确了自己的人生目的。

现在看来，如果当初他每天花那一个小时去学习那些经济学知识而非思考目标，才是真的浪费了人生。因为每年用到经济学知识只有几次，而关于人生目的的知识每天都要用到。如果不愿花时间去搞清楚这些，自己就会像一艘没有舵的船，必将在人生的怒海狂涛中饱受摧残。

避免“边际成本”的误区。在金融学和经济学中，当评估每一项投资的选择时，必须忽略“沉没成本”和“固定成本”，而以不同选项的边际成本与边际收益为基础来做决策，这是边际成本理论。

边际成本理论能够解答第三个问题——怎样过一种正直的生活（不坐牢）。人们往往无意识地把“边际成本”的理论用于个人生活的对错决定中。他们脑子里常有一个声音会说：“虽然我知道按照一般的原则，大多数人是不应该这样做的。但是在这个特别的、情有可原的情况下，仅此一次，没问题。”人们往往认为这“仅此一次”的边际成本非常低，这种想法像吸盘一样把人吸进去，而根本不曾看到这条路最终通向何方，以及这个选择最终包含的全部成本。在所有形式的不忠实与不诚信里面，它们辩解的理由都是边际成本经济学，“就这一次”。

在人的一生中，总有许多各种各样的小决定。其实100％地去坚守你的原则，要比98％地去坚持来得容易。从理论上讲，你肯定可以只在某一次越过界线，然后以后再也不那样做了。但是，你若抵抗住了“在这个特殊的情有可原的情况下，就这一次，没有问题”的诱惑，你将受益无穷。因为，生命是一条充满未知的河流。假如你越过这道防线一次，在今后的生活中，你可能将会一次又一次地越过这道防线。就如我过去的一些同学所做过的那样，你一定会后悔你最终得到的结果的。你必须给你自己的原则做个定义，然后以你的原则为基准，给自己划一个安全的防线。

去年，克里斯滕森教授被诊断出得了癌症，这段经历让他对生命有了不同的见地。他很清楚，他的研究为企业带来了巨大的收益并已经产生了深远的影响。然而当面对这场疾病时，那些影响对现在的他而言毫不重要。他体会到，上帝衡量他的人生的尺子并不是美元，而是那些曾经被他影响过人生的人们。

克里斯滕森教授认为：不用去操心那些你将取得的个人声望，去操心那些通过你的帮助能变得更好的人吧。他对学生们最后的一个建议是：认真思考什么才是衡量你人生的正确标尺？

案例改编自克莱顿·克里斯滕森《哈佛商学院最后一课：你要如何衡量你的人生？》

问题：

1. 你怎样确保自己在职业生涯中会快乐？
2. 你怎样确保自己和配偶及家人的关系将成为一种持久的快乐源泉？

第一节　了解决策理论　掌握决策方法

【案例故事】科学决策，优化职业生涯

背景：

丁聪（下面简称小丁），男，23岁，食品科学与工程专业，在校期间品学兼优，专业成绩突出，经常代表学校参加竞赛。经过层层筛选，他进入了一家知名企业实习，从事食品方面的技术支持工作，实习的具体内容和自己的专业也大致相同。由于在公司表现出色，毕业后公司决定录用小丁，但希望他从技术岗位转做销售工作。这让小丁犹豫不决：现在从事的技术支持与自己当初预期的职业目标基本吻合，如果转做销售，大学的专业知识也基本浪费了；而如果不接受，他也觉得非常可惜，这家公司的培训、薪酬、环境等各

方面都相当不错。小丁困惑之际前来寻求职业指导。

分析：

交谈中先了解了小丁在实习工作期间的感受，小丁应聘的是技术支持，负责食品抽样检测，并撰写技术分析报告，工作内容对他本人来说还是比较喜欢的，和大学期间学习的专业知识也相关，公司各方面条件也令他很满意。

从公司方面来说，既然愿意录用小丁，说明实习期间小丁表现不错，那为何要让他转做销售呢？小丁的说法是，公司 HR 觉得他性格外向适合做销售工作，而且公司的销售岗位正好有需求，所以让他转岗。

当然，小丁也对此有自己的真实想法：从事销售工作，放弃专业知识有点可惜，不过转做销售薪资倒更高，也不是不能接受，希望我们能给出指导意见。

可以看出小丁有自己的坚持，想做技术工作，但是在咨询过程中发现，他对自己为什么要做技术工作不是很清楚，当面临转岗要求时，对做技术工作的想法也并不是很坚定。这是典型的职业决策问题。

指导：

对小丁进行了职业评估：小丁的性格为外向，喜欢独立思考，做事专注，关注细节，有计划。就性格匹配工作而言，小丁适合在规范、传统、稳定的环境下工作，建议小丁可以了解一下销售岗位，通过公司里的销售人员或者文献检索等方式对销售进行学习体验，同时向公司申请一个月的销售见习期，感受一下销售真实的工作状态。

两周后，小丁谈了这两周实习销售的感受：见习工作让他彻底颠覆了对销售的看法，本以为性格外向，沟通能力强，打打电话，拜访一下客户就可以做好销售工作，其实并非如此。实际是每天要打 N 个电话与客户沟通，掌握客户需求，再进行需求分析，然后配置可行性方案给客户。有的客户只是随便问问，怎么解释也无动于衷；而有的客户又很难伺候，提了多个方案都不满意，这让小丁手足无措，焦头烂额。

通过见习，小丁的体验和表示已很肯定，自己还是适合做技术工作比较好，在做技术支持的时候，严谨、细心等方面的特质都将得到很好的发挥。小丁决定找公司 HR 谈谈，看能否继续留在技术部门工作。小丁通过对自我和职业的探索分析，求职方向及决策逐步清晰起来。一周后，小丁顺利签订了劳动合同，公司答应了他继续留任技术部门的申请。

职业决策困难是高校毕业生普遍存在的问题，通过职业指导帮助，求职者可以更好地了解自我及职业取向的科学决策方法，有效做出职业规划和选择。

案例改编自《科学职业决策 优化职业生涯》

问题：

1. 丁聪在进行职业决策前，都做了哪些准备工作？
2. 今后你在面临职业决策时，应注意哪些事项？

一、丁克里奇的生涯决策风格理论

决策风格是影响决策效果与决策效率的一个重要因素。丁克里奇通过访谈研究，将人们做职业生涯决策时所采用的风格归结为八类：

①冲动型：抓住遇到的第一个选择，不再考虑其他的选择或收集信息。其想法是“先决定，以后再考虑”。比如，先找到一份工作干着再说。这种决策方式风险太大，等看到有更好的选择时自然追悔莫及。

②宿命型：将决定留给境遇或命运。迷信“我这个人永远也不会走运”，显得无力和无助，人生态度消极低沉，这样的人容易成为环境的“受害者”。

③顺从型：顺从别人的计划而不是独立地做出决定。相信“他们都觉得好，我就觉得好”。从众的人固然在追随群体的过程中获得了一种虚拟的安全感，但却忽略了自身的独特性，其选择在很大程度上并不适合自己。

④延迟型：把问题往后推迟。比如“我还没有准备好工作，所以打算先升学”。拖延型的人总是希望：也许事情过几天就自动解决了。

⑤烦恼型：过度搜集信息，使用信息时又顾虑重重，反复比较，当断不断，心境表现常常是“我就是拿不定主意”。

⑥直觉型：因为“感觉到是对的”而做决策，但不能说明原因。直觉对人们在环境情况无法获得充分信息时会有效，但可能会不符合事实。

⑦瘫痪型：接受做决策的责任，但是感觉过于焦虑而不能对决策做出有建设性的工作。他们知道自己应该开始了，可能内心深处总是笼罩着“一想到这种事就害怕”的阴影。结果，他们无法真正为决策和决策的后果承担责任。

⑧计划型：使用如同标准化决策模型所推荐的理性策略。

上述八类决策风格没有绝对的优劣之分，各有其适用的范围和局限性。例如，直觉型决策反映了决策者能够迅速提取相关信息的能力，或者也可以说他是一个反应快的理性决策者。那种喜欢到处咨询或模仿他人者，有依赖的倾向，但也有可能把个人的认知偏差减小到最小。决策风格既受个性的影响，又受到环境的塑造，并非绝对无法改变。

二维码链接　测一测你的决策类型

二、克朗伯兹生涯决策理论

（一）影响生涯决定的因素

克朗伯兹认为四类因素影响到一个人的生涯决定，这就是：遗传因素和特殊的能力、环境状况和事件、学习经验和工作取向的技能。

1. 遗传天赋和特殊能力

个人得自于遗传的一些特质，在某些程度内限制了个人对职业或学校教育选择的自由。这些因素包括种族、性别、外在的仪表和特征等。

某些个人的特殊能力也会影响其在环境中的学习经验，伴随这些学习经验而来的兴趣与技能，对个人未来的职业选择将具有相当密切的关系，个人的特殊能力包括智力、音乐能力、美术能力、动作协调能力等。

2. 环境条件与事件

克朗伯兹认为，影响教育和职业的选择因素中，有许多来自外部环境，而非个人所能控制。这些环境状况和事件来源于人类活动（如社会、文化、政治或经济的活动），也可能由自然力量引起（如自然资源的分布或天然灾害）。这些因素具体包括工作机会的数量和性质；训练机会的多寡和性质；职业选择训练人员和工作人员的社会政策和过程；不同职业的投资报酬率；劳动基准法和工会的规定；物理环境的影响，如地震、洪水、干旱、台风等；自然资源的开发；科技的发展；社会组织的改变；家庭的影响；教育系统和社区的影响。

3. 学习经验

克朗伯兹认为，每个人独特的学习经验，在决定其生涯路径时扮演重要的角色作用。

日常生活中，个体受到刺激与强化的类型、性质以及两者配合出现的时机常常错综复杂，因而没有一个理论能够很好地解释：这些不定的变量究竟是如何影响个人生涯偏好和生涯技能发展的，又是如何影响生涯选择的。以下的两种学习，是克朗伯兹社会学习理论中最简约的形式，可用来说明学习经验对生涯决定的影响。

（1）工具式学习经验

工具式学习经验的获得，与学习心理学中工具制约学习的过程有类似之处。工具式学习经验有三部分主要内容，它们分别是指：

· 前因。“前因”包括了我们前面提到的各种环境状况和事件，以及个人在生活中遇到的刺激（即工作或问题）。

· 内隐与外显的行为。“行为”包括内在的认知和情绪反应，以及外在的行动。

· 后果。“后果”包含了直接由行动所造成的影响，以及当个体体验到这些后果时的认知与情感反应。

克朗伯兹认为，凡是成功的生涯计划、生涯发展和职业或教育的表现所需的技能，均能够通过连续的工具式学习经验而获得。

（2）联结式学习经验

联结式学习经验是指：某些环境的刺激会引起个人情绪上积极或消极的反应。如果原来属于中性的刺激与社会上使个体产生积极或消极情绪反应的刺激同时出现，这种伴随在一起的联结关系，会使中性的刺激也具有积极或消极的情绪作用。克朗伯兹指出，我们对于职业的刻板化印象，诸如“医生都是有钱人”“军人和教师都是清苦的”等，都是通过这种联结学习的经验而习得。在个体成长过程中，也许一生都难以改变，对其生涯的选择有着深远的影响。

4. 工作取向技能

前面提到的各种因素，如遗传因素、特殊能力、社会上各种影响因素，以及不同的学习经验等，会以一种交互影响的方式使个人形成特有的工作取向技能，这些工作取向的技能包括解决问题的能力、工作习惯，工作的标准与价值、情绪反应、知觉和认知的历程（如选择、注意、保留、符号知觉等心理过程）等。

（二）生涯决策步骤及困难

克朗伯兹和贝克提出的决策模式包括七个步骤：

（1）界定问题：描述必须要完成的决策，估计完成所需时间并设定确切的时间表；

（2）拟订行动计划：描述决策所需采取的行动，并估计所需时间及完成的期限；

（3）澄清价值：描述个人将采取哪些标准，以作为评价各种可能选择的依据；

（4）描述可能做出的选择，确认选择方案；

（5）依据所定的选择标准、评分标准，逐一评价各种可能的选择，找出可能的结果；

（6）比较各种可能选择符合价值标准的情况，从中选取最能符合决策者理想的选择；

（7）描述将如何采取何种行动以达成选定的目标。

克朗伯兹 1983 年开始注意决策的个人规则及相应的困难，他认为在进行职业决策时可能遇到以下五种困难：

1. 人们可能不会辨认已有的可解决的问题；
2. 人们可能不努力做决策或解决问题；
3. 因为错误的原因，人们可能会消除一个潜在的满意的选择对象；
4. 因为错误的原因，人们可能会选择较差的选择对象；
5. 在感到没有能力达到目标时，人们可能会经受痛苦和焦虑。

在进行职业决策时，我们要重视以上困难，特别是要克服不努力作为决策或解决问题的困难，要积极面对可能出现的问题，通过自身的努力寻求自己最优的选择。

二维码链接　职业生涯决策的主要任务

体验活动

决策风格探索

你平时是如何做决定的呢？下面题目中的句子，是一般人在处理日常事务及生涯决定时的态度、习惯及行为方式。请阅读这些句子并填写右边的选项，注意每一个选项无所谓对错，只要符合你真实情况就可以。当你完成表 4-1 的选择之后，将得分计算出来，看看你是属于哪一类的决策风格。

表 4-1　决策风格测试

序号	情景陈述	符合	不符
1	我常常做草率的判断		
2	我常凭一时冲动做事		
3	我经常改变我所做的决定		
4	做决定之前，我从未做任何准备，也未分析可能的结果		
5	我常不经慎重思考就做决定		
6	我喜欢凭直觉做事		
7	我做事时不喜欢自己出主意		
8	做事时我喜欢有人在旁边，可以随时商量		
9	发现别人的看法与我不同，我便不知该怎么办		
10	我很容易受到别人意见的影响		
11	在父母、师长或亲友催促我做决定之前，我并不打算做任何决定		
12	我常让父母、师长或亲友来为我做决定		
13	碰到难做决定的事情，我就把它摆在一边		
14	遇到需要做决定时，我就紧张不安		
15	我做事总是东想西想，下不了决心		
16	我觉得做决定是件痛苦的事情		
17	为了避免做决定的痛苦，我现在并不想做决定		
18	我处理事情经常犹豫不决		
19	我会多方收集做决定所必需的一些个人及环境的资料		
20	我会将收集到的资料加以比较分析，列出选择的方案		
21	我会衡量各项可行方案的利益得失，判断出此时此地最好的选择		
22	我会参考其他人的意见，再斟酌自己的情况来做出最适合自己的决策		
23	经过深思熟虑之后，我会明确决定一项最佳的方案		
24	当已经确定所选择的方案，我会展开必要的准备行动并全力以赴做好		

计分方法：选择符合的记 1 分，不符合的不计分。

生涯决策风格类型测试结果如表 4-2 所示。

表 4-2　生涯决策风格类型测试结果

题号组	1～6 题组	7～12 题组	13～18 题组	19～24 题组
得　分				
决策类型	冲动直觉型	依赖型	逃避犹豫型	理性型

得分最高一组代表主要生涯决策类型。

生涯决策类型分析：

根据学者海瑞的观察，大部分人的生涯决策方式可以归纳为直觉型、依赖型、理性型三种，另外还有犹豫不决型等。

（1）直觉型：直觉型以自己在特定情境中的感受或情绪反应做出决定。这种类型的人做决定时全凭感觉，较为冲动，较少会系统地收集其他的相关信息，但他们能为自己的抉择负责。

（2）依赖型：依赖型是指等待或依赖他人为自己收集信息并替自己做决定，有的甚至到处求神问卜，找算命先生帮助。决策时不去有系统地搜集信息，决策较为被动与顺从，十分关注他人的意见和期望，从而做出选择。对于此类的人而言，社会赞许、社会评价、社会规范是他们决定的标准，他们的口头禅是："爸妈叫我去……""我的男朋友/女朋希望……""他们认为我很合适""他们认为我可以，……可是……"。

（3）理性型：理性型决策合乎逻辑，系统地收集充分的生涯相关信息，且分析各个选项的利弊得失，按部就班，以做出最佳的决定。

（4）犹豫不决型：此类型的人虽然搜集很多的相关信息，问东问西，但却常常处在挣扎、难以下决定的状态中。

经过前面的测验显示你是属于哪一类型？喜欢这样的自己吗？你认为如何做可以使自己更完美？

____

____

____

第二节　整合决策信息　设计发展方向

【案例故事】方向决定效率，视野决定心量

张宏目前在一家上市的教育公司做 CFO，下面是他的职业经历：

他的起点并不高，但是路径很清晰，一开始就是做专业——在小公司做审计，做了两

年跳到“四大”做审计，然后逐渐进入到和上市审计相关的团队。进入团队以后，一直在刻意提高自己的项目管理能力——一方面在项目管理者角度能看到更多的深度（高度深度协同），另一方面也为了未来做管理打下基础。

有那么两年时间，公司内斗很厉害。大家都没有什么发展，他也不着急，定位职业外发展——大量时间学习注册会计师，混各种投资人和CEO的圈子，没事去分享公司避税、上市的坑，提升人脉、增加通用技能。

等到内斗结束，他顺理成章地进入一家为公司上市的团队，跑清楚了所有流程，也理解了另外的证监会、法律、投资人关系等业务。在做完第二家公司的上市案子以后，直接跳过去，做CFO了。

一个不知名学校的会计系学生到百亿级企业的CFO需要多久？时间不长，12年。

小公司审计2年，“四大”审计4年，管理者带团队2年，内斗观望2年，上市公司团队2年。

他自己没察觉，但其实中间有非常清晰的思路。“角度—深度—高度—角度”，找到个切入点，让自己变得更专业，然后在管理上跨越一个台阶，然后继续找角度，做专业……遇到发展受阻时，就向外发展，提高综合能力。方向决定效率，视野决定了心量。

案例节选自：http：//xzyz.91job.gov.cn/news/view/aid/108107/tag/zykc，有删改

问题：

1. 为什么仅仅完成自己的职位要求是不够的？
2. 为什么说最大的时间管理，其实是自己职业方向的管理？

一、职业选择的方法与策略

（一）自我评价与定位：职业选择前的准备

职业选择的过程本质是不断发现自己、认识自己的过程。大学生在做出最终的职业选择前，要尽可能充分了解自己的职业倾向，明确自己的优势和长处，同时结合社会上该职业的基本发展状况，给自己一个正确的评价和明确的定位。

1. 明确职业兴趣定位

人的兴趣在职业活动中起着十分重要的作用。同学们在确定择业方向时，应考虑自己的兴趣因素，进行科学职业选择，选择合适的就业岗位。

（1）喜欢同具体事物打交道，而不喜欢与人打交道者，可以选择诸如制图、勘测、工程技术、建筑、机器制造、出纳、会计等工作岗位。

（2）喜欢与人交往，对销售、采访、传递信息一类活动感兴趣者，应该选择的工作岗位是记者、推销员、服务员、教师、行政管理人员等。

（3）喜欢有规律、有秩序地进行活动，习惯于在预先安排好的程序下工作的人，应该选择的工作岗位是图书管理、档案整理、办公室工作和打字、统计等。

（4）乐于助人，喜欢从事社会福利和助人工作的人，相应的工作岗位是律师、咨询

员、科技推广人员、医生、护士等。

(5) 喜欢掌管一些权力，希望受到众人尊敬和获得声望的人，可考虑担任行政官员、企业管理人员、学校班主任、辅导员等。

(6) 对人的行为举止和心理状态感兴趣，喜欢研究人的行为的人，适合从事的职业是心理学、政治学、人类学等研究工作及教育、行为管理等研究人和管理人的工作。

(7) 喜欢从事科学技术事业，对分析、推理、测试等活动感兴趣的人，相应适合的职业应该是生物、化学、工程学、物理学、地质学等工作。

(8) 喜欢抽象的创造性工作，或者喜欢独立工作，对自己的才能比较自信，擅长解决抽象问题的人，比较适合的职业是社会调查、经济分析、各类科学研究和化验、新产品开发等工作。

(9) 对运用一定的技术操作各种机器、机械制造新产品等感兴趣的人，适合的职业应该是各种驾驶员、机器制造、建筑、石油、煤炭开采等工作。

(10) 喜欢从事具体的工作，希望能很快看到自己的劳动成果，愿意做能看得见、摸得着的产品制作工作，并从完成的产品中得到满足的人，相应的职业则是室内装饰、园林、美容、手工制作、机械维修等工作。

2. 能力倾向定位

同学们根据能力倾向来分析自己的职业选择时，不仅要考虑到自己从事各类工作所需的一般能力状况，包括注意力、观察力、记忆力、想象力、逻辑思维能力等，还要考虑胜任某一职业要求的专业技能和特殊能力。例如从事工程技术工作，就需要有坚实的专业基础和较强的动手能力；从事技术管理工作，就需要较强的技术和经济观念，对新技术产品的敏感性和鉴别能力，以及周密的思维能力。

3. 性格倾向定位

由于人们从事的职业有各自不同的特点，因而对从业人员的性格特点也会有不同的要求。一般说来，开朗、活泼热情、温和的性格，比较适合从事外贸、涉外工作、文体工作、教育工作、服务工作以及其他与人交往多的职业；多疑、好问、倔强的性格，比较适合从事科研、治学方面的工作；深沉、严谨、认真的性格，比较适合做人事、行政、党务工作；而勇敢、沉着、果断与坚定的性格是管理者所需要的。让一个人去从事与其性格不相适应的工作，其结果会因不匹配而造成职业倦怠，甚至半途而废。因此，准确判断自己的性格特征并依此来确定自己的职业选择十分重要。

4. 价值观倾向定位

俗话说："人各有志。"当这个"志"表现在职业选择上的时候就是职业价值观。如果一个人追求的是自我价值的实现，那么他就会选择那种最能发挥自己特长的职业；如果一个人只是一味地追求名与利，那么他在选择职业时，就会优先考虑所选职业的地位和经济收入。

绝大多数人的职业价值观不是单一的，会同时追求几种或多种价值。人的有些价值观是很明显、清楚的，例如对金钱的重视或不重视，但更多的情况是，价值观随着个人主观的甚至是无法解释的情绪因素而变化。大学生要尽量认清自己的价值观，找到自己的动力源泉，明确自身职业选择。

（二）职业选择的过程与方法

1. 全面了解拟选择的职业

首先列出你所希望选择的三种职业，从工作内容、工作方式、工作角色和工作要求等方面，看看自己对拟选择的职业了解多少。如果有许多内容自己都不甚了解，那就应该再去对该选择进行深入的探索，免得将来走弯路。

2. 分清理想职业与现实职业

为了分析所选择职业的现实可能性，下面列出了几个方面，可以据此评价选择的可行性。

（1）能力可能性和价值观可能性

自己有能力干吗？仅仅靠自己的能力完全能干好吗？自己的能力能充分发挥吗？能让你负起所希望的责任或挑战吗？与你的价值观矛盾吗？

（2）目标可能性和匹配可能性

能实现所希望的生活方式吗？是你爱好的工作内容吗？能得到希望的报酬吗？与你的教育、资格等条件相符吗？能实现你的长期目标吗？劳动条件等可以接受吗？

理想职业与现实职业往往是有一定的距离的。如果你对最希望的职业评价体现在以上四种多数可能性当中，那证明你的选择是有一定的现实基础的。反之，如果不可能占多数，那你不得不重新考虑你的现实选择了。

3. 理想单位的具体化

在对职业有了全面理解之后，就可以进行理想单位的排序，主要考虑条件有：地理条件、单位性质、单位规模、行业、收入、提升机会、专业对口度、工作环境、福利、调动工作的可能性、稳定性等。列出三个理想单位之后，针对以上所列出的一些内容进行适合度的衡量。看看这三个单位对自己的适合程度如何，比如对单位的了解、对从事岗位的了解、现实的可行性如何等，然后做出理性选择。

4. 制约条件的权衡与取舍

任何一个就业单位，都有其有利条件和不利因素，十全十美的就业单位毕竟是少数。在选择时，对一些条件可能妥协，而对其他条件则可能无法妥协，这些条件就是制约条件。因此，必须对这些制约条件进行全盘考虑，并决定最终的取舍。起作用的制约条件有：工资水平、单位性质、工作地点、工作时间、工作内容、业余时间分配、专业对口程度、福利以及单位风气和文化等。评价有两种标准，即不能妥协的和能妥协的。针对具体单位进行评估（在这里假设所有制约条件的重要性是相同的），如果不能妥协的条件占大多数，也许你就应该重新考虑自己的选择了。结合前面所列出的职业兴趣、价值观等比较，去除这些制约条件，可从中找出最符合你的职业兴趣、角色兴趣、价值观等因素的就业单位。

（三）职业选择的策略

1. 从客观现实出发

职业选择必须从客观现实出发。首先要将个人的职业意愿、自身素质与能力结合起来，加以充分的考虑，估计一下自己能否胜任某项职业的要求，认真评价个人职业意愿的可能性，即进行准确的自我评价和定位。其次对职业岗位空缺与需求做出客观分析。

2. 比较鉴别

在职业和就业者之间进行比较。首先将职业对人的要求具体化，比如教师职业要求有较强的语言表达能力，艺术工作者要求有丰富的创作力等等。其次在选出的多种职业目标中进行比较。自己的条件可能适合好几种职业，应当选出那些更符合条件的，更符合自己特长和专业发展的，经过努力能很快胜任的职业。最后将职业提出的各种条件进行比较。因为从事某种职业所需要的各种条件是有主次之分的，每个人进行职业选择时也要考虑多个方面，当个人的素质符合某种职业的主要条件时，职业选择就比较容易成功。

3. 扬长避短

在选择职业时，要清楚地知道自己的长处是什么，短处是什么。一般来讲，当职业与个人的理想、爱好、个性特点、专业特长最接近时，个人的主观能动性容易激发出来。因此，在选择职业时如果充分考虑到最大限度地发挥自己的专长，有利于个人全面发展等因素，走上工作岗位后，才有可能热爱自己的工作，才能把工作当作一件愉快的事情去做，才能卓有成效地开创未来。

4. 适时调整

有的人可能当时的选择是对的，后来情况发生了变化；还有的人在选择时考虑不够全面，在实践中行不通，这就要依据新的情况，适时调整，慎重地进行新的选择，以实现自己的职业生涯规划。适时调整的含义是：对自己心目中的理想单位和职业，如果不能一步到位，可以采取打好基础、抓住机会、分步前进、逐渐逼近的策略。如果客观现实不具备，就应该适时调整，创造时机使条件成熟。

大学毕业生的职业选择只是职业发展计划中的第一步，走好第一步固然重要，但未来的路还很长，也许还会面临更多的选择。管理大师彼得·德鲁克说过："对你而言，你所做的工作选择是正确的概率大约是百万分之一。如果你认为你的第一个选择是正确的话，那么就表明你是十分懒惰的。"因此，一个人必须通过大量的、不断的实践和转变，才可能发现一条从心理上和经济上都令其满意的职业发展道路。

二维码链接　选择，是一种有智慧的放弃

二、职业目标的制定

美国学者戴维·坎贝尔曾经指出："目标之所以有用，是因为它能帮助我们从现在走

向未来。”立定志向可以成为成功的驱动力，同时也可以使自己更能够掌握方向，明确应该做的事情。

(一) 目标设定的原则

目标设定是基于自我觉醒的基础上，对自己未来职业生涯的一个初步的概想。在进行职业目标设定时，应该遵循 SMART 原则。[①]

1. S (Specific)

目标要清晰、明确。所谓明确就是要用具体的语言清楚地说明要达成的行为标准。明确的目标几乎是所有成功人士的一致特点。很多人不成功的重要原因之一就是目标定得模棱两可。要做到这一点，需要回答以下六个“W”：

Who：谁参与

What：要完成什么

Where：确定一个地点

When：确定一个时间期限

Which：确立必要条件和限制

Why：明确原因，实现此目标的目的或好处

例如，同学们确定了一个目标——“好好学习”，这就不是一个具体目标。同学们可以将此目标具体化，比如“每天去图书馆，至少看书 2 小时”。

心理学家得出了这样的结论：当人们的行动有了明确目标，并能把自己的行动与目标不断地加以对照，进而清楚地知道自己的行进速度和与目标之间的距离，人们行动的动机就会得到维持和加强，就会自觉地克服一切困难，努力达到目标。要达到目标，就要像上楼梯一样，一步一个台阶，把大目标分解为多个易于达到的小目标，脚踏实地向前迈进。每前进一步，达到一个小目标，就会体验到“成功的喜悦”，这种“感觉”将推动自己充分调动自身潜能去达到下一个目标。

2. M (Measurable)

即目标要可量化，是明确而不是模糊的，要有一组数据，作为衡量是否达成目标的依据。为了确保目标可量化，可以问自己几个问题：我怎么知道自己是否达到了目标？是多少？有的东西不好量化，也要尽量找到一个量化的标准。

假如某同学想掌握熟练的网站制作技能，那么他可以将自己的目标定位为：可以独立完成一个电子商务类网站的策划和制作。

3. A (Attainable)

即设定的目标要高，要有挑战性，但又须是可达成的。目标要通过努力可以实现，不能过低和偏高，偏低了无意义，偏高了实现不了。一般来说，当设定的目标对一个人有很

---

①SMART 原则（S=Specific、M=Measurable、A=Attainable、R=Relevant、T=Time-bound），实施目标管理不仅是为了利于员工更加明确高效地工作，更是为了管理者将来对员工实施绩效考核提供了考核目标和考核标准，使考核更加科学化、规范化，更能保证考核的公正、公开与公平。

重大的意义时，这个人便会尽最大的努力去完成。假如某同学的目标是能够按时毕业，拿到学位，那么这种目标就是不具挑战性的，而如果把目标设定为在学术造诣上超越爱因斯坦，那么基本上没有实现的可能，这种目标在设定上就是失败的。

4. R（Relevant）

设定的目标要有现实性，要和自己的实际情况相关联。设定的目标最好是自己愿意做，并且能够干好的。在职业目标的设定上，一定要注意目标的设定要和岗位的职责是有关系的。比如某位同学打算从事会计工作，努力考个会计师证是很有必要的，而花费很多时间去考心理咨询师证，就无太大必要了。

5. T（Time bound）

目标要有时限性，要在规定的时间内完成，时间一到，就要看结果。没有时间限制，就没有紧迫感。回到做好学生的目标，如果问自己，有没有在学习？回答往往是肯定的，一年后，再问自己，学到了什么，很多人回答不上来。针对这种情况，同学们完全可以设定类似这样的目标，如在 2017 年 12 月前，自学完成平面设计专业的全部课程。

（二）目标设定的方法

在设定职业生涯目标时可以采用时间分解法，将目标分为短期目标、中期目标、长期目标和人生目标。设定正确的目标不难，但要实现目标却不容易。如果目标太远大，同学们往往会因为苦苦追求却无法得到而气馁。因此，如图 4-1 所示，将一个大目标科学地分解为若干个小目标，落实到具体的每天每周的任务上，正是实现目标的最好方法。

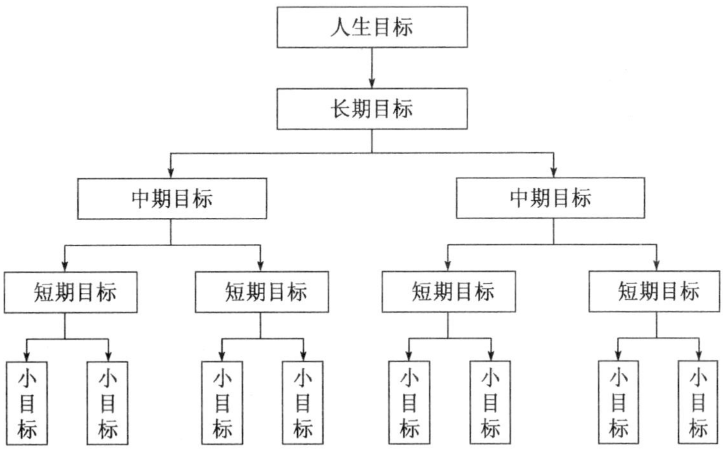

图 4-1　目标的分解法

1. 短期目标

短期目标通常是指时间在一至两年内的目标，是中期目标和长期目标的具体化、现实化和可操作化。如对专业知识的学习、两年内掌握哪些业务知识、职业选择等。通常，又可以将短期目标分解为很多小目标，如一个月甚至一周的目标。在设定短期目标时，需做到：

目标具备可操作性；

明确规定具体的完成时间；

对现实目标有把握；

服从于中期目标；

目标可能是自己选择的，也可能是企业或上级安排的、被动接受的；

目标需要适应环境；

目标要切合实际。

2. 中期目标

一般为三到五年，它相对长期目标要具体一些，如规划到不同业务部门当经理，规划从大型公司部门经理到小公司做总经理等等。在设定中期目标时，需做到：

通常与长期目标保持一致；

是结合自己的志愿和企业的环境及要求来制定的目标；

用明确的语言来定量说明；

对目标实现的可能性做出评估；

有比较明确的时间，且可做适当的调整；

基本符合自己的价值观，充满信心。

3. 长期目标

时间为五年以上的目标，它通常比较粗、不具体，可能随着企业内外部形势的变化而变化，在设计时以画轮廓为主。如，规划 30 岁时成为一家中型公司的部门经理，规划 40 岁时成为一家大型公司副总经理等等。在设定长期目标时，需做到：

目标有可能实现，具有挑战性；

对现实充满渴望；

非常符合自己的价值观，为自己的选择感到自豪；

目标是认真选择的，和社会发展需求相结合；

没有明确规定实现时间，在一定范围内实现即可；

立志改造环境。

4. 人生目标

是指整个人生的发展目标，时间长至 40 年左右。一般说来，短期目标服从于中期目标，中期目标服从于长期目标，长期目标又服从于人生目标。具体实施目标，通常是从具体的、短期的目标开始的。

二维码链接 确定职业生涯目标的“三定”原则

三、职业目标的管理

（一）目标管理应注意的几个问题

1. 目标设立的客观性

个人发展目标的确立与团队或企业目标一样，必须具有客观性，否则就只能停留在幻想当中。也就是说，个人目标的设立必须建立在个人兴趣、爱好、知识、能力、身体条件及社会环境等因素的基础之上，应该是通过努力可以达到的，并且是可考核、可评价的，明确、具体的，是可量化、可分解的。不具有客观性的目标是不可能实现的。如果一个人的身体条件本来是不适合运动的，那么长跑世界冠军的奋斗目标，就只能是一种幻想。

当然，个人的奋斗目标一经确立，也不是一成不变的。随着个人的成长，知识与阅历的增加，以及兴趣、爱好的转移，阶段性地调整自己的目标更加有助于自己人生价值的实现，但却不能过分频繁地变换目标。频繁地变换目标与没有目标，对于一个人的发展来说同样是危险的。

2. 目标分解的科学性

任何一个人都不可能一步跨入自己的理想世界，都不可能瞬间实现自己的人生目标与价值。一个人的成功之路是由一个个目标铺就的，一个目标实现以后，一个新的目标必然出现在前方。这些具体目标也是相互关联的，它们在人生总目标的统领之下，逐渐分解而来。一个人人生价值的实现过程就如攀登一座高峰，要想顺利到达峰顶就要从山峰的脚下往上攀，一步一步地踏点为我们支起了登顶的天梯，这每一个踏点也就是我们登顶过程中的一个个分目标，正是这些分目标的不断实现，才促使我们最终能够完成登顶的最大目标。

对于一个人的成长来说，在其实现自身价值的总目标确定之后，也要如登山一样将自己的总目标分成若干分目标，如阶段目标、年目标、月目标、周目标、日目标等，而且在目标分解的过程中一定要坚持科学性的原则，只有这样才能保证我们每走一步都能够离我们的总目标更近一点，也只有这样，我们人生发展的总目标及人生的价值才能真正实现。

3. 目标的实现是以每一天、每一件事的努力为基础的

中国有句古话，“世上无难事，只要肯登攀”，它是对“目标”及其实现途径的最贴切、最科学的阐述。科学地设立了目标、详细地分解了目标以后，如果不付诸实际的努力，也不会产生任何实际的成果。

（二）职业生涯目标的分解

职业生涯目标的实现可以用一系列的阶段来表示。为了顺利进入每一个新阶段，应根据新阶段的特点制定分目标。

目标分解就是根据观念、知识、能力差距，将职业生涯长期的远大目标分解为有时间规定的长、中、短期分目标，直至将目标分解为某确定日期可以采取的具体步骤。实现一个远大目标很少能够一气呵成，必须分解成若干个易于达到的阶段性目标。

目标分解是将目标清晰化、具体化的过程，是将目标量化成可操作的实施方案的有效手段。目标分解帮助同学们在现实环境和美好愿望之间建立起可以拾阶而上的途径。目标分解从最远、最高的目标开始，一直分解到最近的目标。在现实中，很多人做事之所以会半途而废，这其中的原因，往往不是因为难度较大，而是觉得离成功较远，确切地说，不是因为失败而放弃，而是因为倦怠而失败。

目标分解可以按两种途径来分解目标：

按时间分解：可分解为最终目标（人生目标）、长期目标、中期目标、短期目标。

按性质分解：可分解为外职业生涯目标、内职业生涯目标。

美国职业心理学家施恩教授最早把职业生涯分为外职业生涯和内职业生涯。他指出外职业生涯指经历一种职业（由教育开始、经工作期、直到退休）的通路，包括职业的各个阶段：招聘、培训、提拔、解雇、奖罚、退休等。内职业生涯更多地注重于所取得的成功或满足的主观感情以及工作事务与家庭义务、个人休闲等其他需要的平衡。①

根据内、外职业生涯的内容，我们可以把长期目标、中期目标和短期目标分解出各自具体的内职业生涯目标和外职业生涯目标。

一是外职业生涯目标。(1) 职务目标。职务目标应当具体明确。(2) 工作内容目标。在现实生活中，能够升到高层职位的毕竟是少数。位置越高，留给人们可以选择的机会也就越少，而且，能不能晋升，很大程度上并不取决于人们自己。所以，不要只盯着职务目标的晋升，而把外职业生涯目标规划的重心移到工作内容目标上来。(3) 经济目标。人们从事一项工作，获得经济收入是一大目的，毕竟谁也离不开生存的物质基础。在职业生涯规划中列入收入期望无可非议。但要注意的是切合实际和自己的能力素质，然后大胆地规划一个具体的数目，不要含混不清，或者不敢写。(4) 工作地点目标和工作环境目标。如果同学们对工作地点和工作环境有特殊要求就要在规划中列出这两项内容。

二是内职业生涯目标。只追求外职业生涯目标会让人遭遇很强的挫折感，怀疑上级对自己不公，上班太远累得慌、辛苦半天没拿多少钱，评优晋级没有份儿……越想越难受，越想越没干劲，每天都生活在抑郁之中。其实，我们还有一笔重要的财富不容忽略——丰富的知识经验积累，观念、能力的提高以及由此带来的快乐感、成就感。在分解和组合自己的职业生涯目标时，外职业生涯目标与内职业生涯目标应该是同时进行的，而且内职业生涯目标是尤其应该重点把握的内容。

(1) 工作能力目标。工作能力是对处理职业生涯中各种工作问题的能力的统称。如策划能力、管理能力、研究创新能力、与领导无障碍沟通的能力、与同事协调合作的能力等。必要的工作能力积累是达到职务目标和收入目标的前提。所以，工作能力目标应当优先于职务目标。

(2) 工作成果目标。在很多组织里，工作成果都是进行绩效考核的一个重要指标，扎实的工作成果带给我们极大的荣誉感和成就感，也铺砌了通往晋升之途的阶梯。

---

①E. H. Schein. 职业的有效管理. 三联书店，1992. 6.

(3) 心理素质目标。在职业生涯途中，有人成功达到目标，有人半空而坠，区别其实不在机遇和外部条件，每个人的职业生涯发展过程中都会遇到这样那样的困难，只有心理素质合格的人才能正视现实，努力去克服困难，冲向卓越。而心理素质差的人只会怨天尤人、自暴自弃。同学们为了自己的职业生涯规划蓝图能够化为现实，千万别忘记不断提高自身的心理素质。提高心理素质目标包括经受挫折、包容他议，也包括在暂时的成功面前保持清醒冷静。

(4) 观念目标。观念是对人对事的态度、价值观。很多跨国大企业都有自己的观念文化，这些观念影响着员工的行为，也影响着组织、领导、同事、客户对员工的态度。随时更新自己的观念，让自己总是站在前沿地带，也是大学生规划个人职业生涯的重要内容。

(三) 职业生涯目标的组合

目标组合是处理不同目标相互关系的有效措施。如果只看到目标之间的排斥性，就只能在不同目标之间做出排他性选择；而如果能看到目标之间的因果关系与互补性，就能够积极进行不同目标的组合。

目标组合有三种方法：时间组合、功能组合和全方位组合。

1. 时间组合

职业生涯目标在时间上的组合可以分为并进和连续两种情况。

(1) 并进

所谓职业生涯目标的并进，指同时着手实现两个平行的工作目标或建立和实现与目前工作内容不相关的预备职业生涯目标。有时候，外部环境给予大学生的机会很多，让大学生们面临多个选择，于是会出现两个或多个不同方向的职业生涯目标。只要处理得好，在一定时期内，是可以做到鱼与熊掌兼得的，当然，前提条件是要有足够的精力和能力来应对，但对普通大学生来说，仍然建议同学们在一段时间内只定一个大目标。

这里所说的“同时着手实现两个平行的工作目标”，指的是短期内进行的不同性质的工作，一般多为中、高级管理层“双肩挑”的情况。

而建立和实现与目前工作内容不相关的预备职业生涯目标，多发生在中、青年人身上，意在居安思危、未雨绸缪。例如，学校团支部书记为了今后获得更大的发展空间，在做好本职工作的同时，进修 MBA 课程。并进有利于同学们开启潜能，在同样的时间内迎接更大的挑战；浓缩生命，发挥更大的价值。

(2) 连续

连续是指用时间坐标做纽结，将各个目标前后连接起来，实现一个目标再进行下一个。一般来说，较短期目标是实现较长期目标的支持条件。目标的期限性是相对的，随着时间的推移，长期目标成为中期目标，中期目标成为短期目标，短期目标成为近期目标。只有完成好每一个近期目标和短期目标，最终目标才有可能实现。

职业生涯目标分为最终目标和阶段目标（长期目标、中期目标、短期目标、近期目标），各个阶段目标的设定大体与最终目标一致并互相关联。这里应该明确，阶段目标是在一段特定的时间内要达到的结果。如果将职业生涯的阶段目标转变为职业生涯最终目标，只需将各个阶段目标连接起来，加上一个时间表，再加上一个衡量目标达成结果的评估方式。

2. 功能组合

很多职业生涯目标在功能上可以存在因果关系或互补作用。

（1）因果关系。有些目标之间存在着明显的因果关系，如前面提到的工作能力目标与职务目标和收入目标，前者是因，后者为果，表现为：工作能力提高—职务提升—收入增加。通常情况下，内职业生涯目标是原因，外职业生涯目标是结果。

（2）互补关系。一个管理人员希望在成为一个优秀的进口部经理的同时取得 MBA 证书，这两个目标之间存在着直接的互补作用。实际管理工作为 MBA 学习提供实践的经验体会，而 MBA 学习又为实际的工作提供理论支持和方法指导。同样的，高校教师往往同时肩负着基础教学和科研两项任务，基础教学为进行科研工作提供了理论基础和方法指导，科研实践又促进了教学内容的丰富更新和质量的提高。

3. 全方位组合

全方位组合已超越职业的范畴，它涵盖了人生全部活动。全方位组合指职业生涯、家庭和个人事务的均衡发展，相互促进。事业不是生活的全部，任何一个人都不能离开家庭和休闲娱乐，完美的职业生涯规划不应把生活中的其他内容排斥在外。目标组合可以超越狭隘的职业生涯范围，将全部的人生活动联系协调起来。

二维码链接 马拉松中的目标管理

四、了解职业发展路线图

条条大路通罗马，每个人都有适合其发展的路径，但每个人都彼此不同，谁也不能完全复制别人的成功之道。职业生涯路线是指一个人选定职业后从什么方向上实现自己的职业目标，是向专业技术方向发展，还是向行政管理方向发展。发展方向不同，要求就不同。因此，在制订“职业发展行动计划”之前，必须结合职业决策做出选择，以便同学们安排今后的学习和工作，使其沿着职业生涯路线发展。

职业生涯路线选择的重点是对职业生涯选择要素进行系统分析，在对职业理想、职业能力、职业环境（我想做什么？我能做什么？环境允许我做什么？）三方面的要素进行综合分析的基础上确定自己的职业生涯路线。职业生涯路线选定后，还要画出职业生涯路线图。典型的职业生涯路线图是一个“V”字型的图形。假定一个人 22 岁大学毕业参加工作，即 V 型图的起点是 22 岁。从起点向上发展，V 型图的左侧是行政管理路线，右侧是专业技术路线。按照年龄或时间将路线划分为若干部分，并将专业技术等级或行政职务等级分别标在路线图上，作为自己职业生涯的目标，如图 4-2 所示：

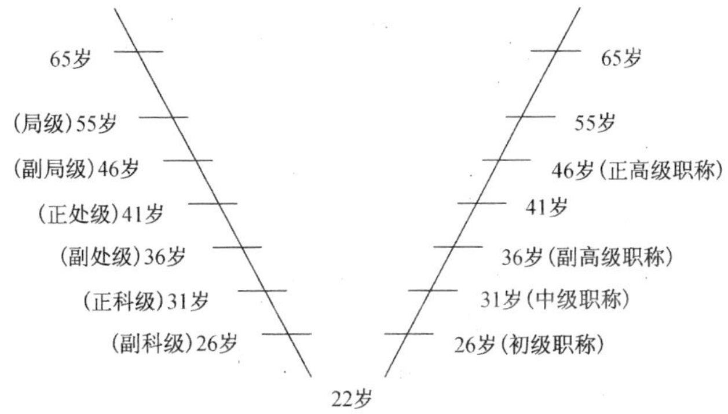

图 4-2　职业发展路线（管理路线、技术路线）

在确定职业目标，进行职业决策后，是向专业技术方向发展，还是向行政管理方向发展？不同的选择意味着不同的工作和生活方式。一般来说，有如下几种典型的职业发展路线，如表 4-3 所示：

表 4-3　职业发展路线

类型	典型特征	成功标准	主要职业领域	典型职业通路
技术型	职业选择时，主要注意力是工作的实际技术或职能内容。即使提升，也不愿到全面管理的位置，而只愿在技术职能区提升	在本技术区达到最高管理位置，保持自己的技术优势	工程技术、财务分析、营销、计划、系统分析等	财务分析员—主管会计—财务部主任—公司财务副总裁
管理型	能在信息不全的情况下分析解决问题，善于影响、监督、率领、操纵、控制组织成员，能为感情危机所激励，善于使用权力	管理越来越多的下级，承担的责任越来越大，独立性越来越强	政府机构、企业组织及其各部门的主要负责人	工人—生产组组长—生产线经理—部门经理—行政副总裁—总裁
稳定型	依赖组织，怕被解雇，倾向于按组织要求行事，高度的感情安全，没有太大抱负，考虑退休金	一种稳定、安全、氛围良好的家庭、工作环境	教师、医生、研究人员	更多地追求职称，如：助教—讲师—副教授—教授
创造型	要求有自主权、管理才能，能施展自己的特殊才能，喜好冒险、力求新的东西，经常转换职业	建立或创造某种东西，他们是完全属于自己的杰作	发明家、风险性投资者、产品开发人员、企业家	无典型职业通路，极易变换职业或干脆自己单独干
自主型	随心所欲制定自己的步调、时间表、生活方式和习惯	在工作中得到自由与欢乐	学者、研究人员、手工业者、工商个体户	自由领域中发展自己的个人事业

五、制订行动计划方案

行动计划分为短期计划、中期计划和长期计划。长期计划一般是职业规划和设计中要达到的最高点或是一个相对较长时间（一般为5～10年）要达到的计划；中期和短期计划是指在实施长期计划的过程中必须要经历的阶段计划，从时间上来讲，中期计划一般为3～5年，具有一定的战略规划价值；短期计划又有日、周、月、年计划之分，一般应该清晰、明确、切实可行。

制订职业生涯规划行动计划，通常遵循以下步骤方法：

1. 行动计划思考准备

个人发展计划必备的要素？

我的职业目标是什么？

怎样才能实现职业目标呢？

2. 制订行动计划书

完整的行动计划书应包含题目、职业方向与总体目标、社会环境分析、学校分析、自身条件及潜力测评、角色及建议、目标分解、成功标准、差距、缩小差距的方案。

3. 实施行动计划

实际行动。

做好记录。

分析行动结果。

利用一切资源和机会。

4. 反思改进

发生了什么事？

为什么会发生？

结果如何？

现在怎么办？

该如何改进？

体验活动

了解影响你生涯决策的要素

下面列出了很多可能会影响你未来做生涯决策的因素，请你仔细思考过后用1～5来表示它在你做决定时考虑的重要程度：1表示非常不重要，5表示非常重要。

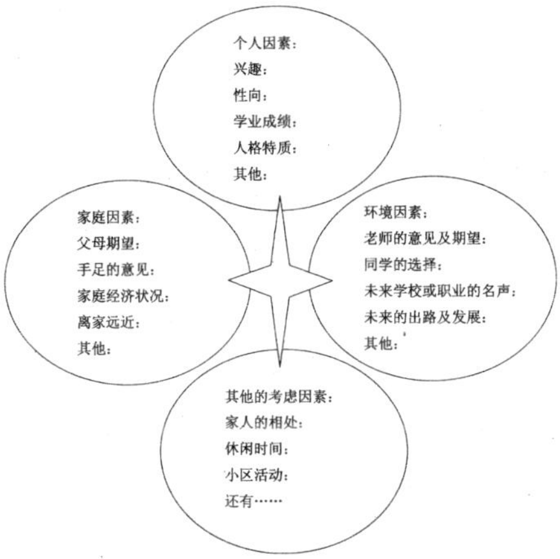

图 4-3　影响生涯决策要素

第三节　评估决策效果　调整优化决策

【案例故事】决策易做常逢坎坷，效果难评应重过程

2004 年 8 月，带着几乎是挥之不去的高考阴霾告别家乡，秦畅来到了北京的一所高职院校，开始了他的求学生涯。

作为大家眼中的好“苗子”，拥有知名学府的毕业证是秦畅忘不掉的梦，因此当有考入北京大学的机会，他主动放弃了联大升本。凭借着三年优异的表现，扎实的功底，他以第一名的身份考入了北京大学。然而，当梦境成真，却感受到了夜的冰凉。小秦以一个令人尴尬的身份来到了北京大学，即半路出家。在很多人看来，他不是嫡系部队，更不是真正的北大人！小秦不想听到这样的话，但不得不面对这样的现实：人在北大，融入太难，所以“考研”成了他的新目标。

第一次考研，因几分之差落榜，令小秦很沮丧，但没有放弃，而是未接收调剂，坚定地选择第二次考研。

再次准备的时间不长，只有三个月，走过一回的路，不能再出差错。小秦以平常心默默地积蓄力量，从容备考。还是等待，查成绩、看结果……当小秦听到自己考了第一名时，那种狂喜或是冲动却没有出现。笔试过了，复试过了，小秦的执着总算是没白费，终于在拟录取名单上看到了自己的名字。但此时，他考虑更多的，不是应如何庆祝目标的完成，而是毕业以后的事。面对未来，是福是祸小秦不知道，但他坚信一句话：轰轰烈烈的想，平平淡淡的过，这才是真！

经历过小学到高中的一帆风顺，也有高考失利的噩梦，更有在梦想之地的求学历程，小秦在生涯发展的路上一直在努力，从未曾放弃，这个过程，让他不断成长，逐渐成熟。

小秦很清楚，时光难以倒流，人生不可能重新来过，虽然自己暂时达成了一个小目标，然而面对日新月异的社会，竞争只会更激烈，唯有认认真真的规划，努力找到自己的定位，适应角色的快速转换才可能立足于社会。

青年人，是国家的未来，这并不是仅指名校高才生，而是能够真正能给社会发展做出贡献的人。人生中，挫折、失败，坎坷、徘徊也是财富。人们所经历的每一件事都会在其潜意识中留下痕迹，当再次出现类似情况时，它就会立刻跳出来，告诉自己现在能做了！其实，人们的进步过程，就是解决问题的过程。

面对抉择，选择自己喜欢的，真心实意去付出的；思考理想，不祈求捷径，只知道自己要脚踏实地，步步为营；角色转换，不求每个都完美，只求力争不出错；失败挫折，不再闷闷不乐，因为我们视之为财富；面向未来，不能迷失自我，坚定地往前走。

秦畅觉得，取得的成绩是和付出成正比的，趁着年轻，应该多做点事，多想点事，多体验点事，多钻研点事。不要也不能把此时的理想或者心愿留给年老的我们，让那时的我们为此时的抉择去后悔！

问题：

1. 在求学之路上，秦畅是如何设定并完成目标的？
2. 当你进行决策，确定目标后，应该如何对待可能出现的问题？

一、SWOT分析法

SWOT分析法又称为态势分析法，它是由旧金山大学的管理学教授于20世纪80年代初提出来的，SWOT四个英文字母分别代表：优势、劣势、机会、威胁。所谓SWOT分析，即态势分析，就是将与研究对象密切相关的各种主要内部优势、劣势、外部机会和威胁等，通过调查列举出来，并依照矩阵形式排列，然后用系统分析的思想，把各种因素相互匹配起来加以分析，从中得出一系列相应的结论，而结论通常带有一定的决策性。

一般来说，求职者在进行SWOT分析时，应遵循以下四个步骤：

（1）评估自己的长处和短处。同学们每个人都有自己独特的技能、天赋和能力。在当今分工非常细的市场经济里，每个人擅长某一领域，而不是样样精通。例如有些人不喜欢整天坐在办公桌旁，而有些人则一想到不得不与陌生人打交道时，心里就发麻，惴惴不安。请同学们做个表，列出自己喜欢做的事情和自己的长处所在（如果同学们觉得界定自己的长处比较困难，可以找一些测试习题，分析自己的长处）。同样，通过列表，同学们可以找出自己不是很喜欢做的事情和自身的弱势。找出自己的短处与发现自己的长处同等重要，因为同学们可以基于长处和短处做两种选择：一是努力去改正自己常犯的错误，提高自身技能，二是放弃自己不擅长的职业。

（2）找出自己的职业机会和威胁。不同的行业（包括这些行业里不同的公司）都面临不同的外部机会和威胁，所以，找出这些外界因素将助同学们找到适合自己的工作，这些机会和威胁会影响同学们的第一份工作和今后的职业发展。如果公司处于一个常受到外界不利因素影响的行业里，很自然，这个公司能提供的职业机会将很少，而且没有职业升迁的机会。相反，充满了许多积极的外界因素的行业将为求职者提供广阔的职业前景。请列出自己感兴趣的一两个行业，然后认真地评估这些行业所面临的机会和威胁。

(3) 提纲式地列出未来五年内自己的职业目标，仔细地做一个SWOT分析评估，列出自己从学校毕业后五年内最想实现的四至五个职业目标。这些目标可以包括你想从事哪一种职业，你将管理多少人，或者你希望拿到的薪水属哪一级别。请时刻记住：你必须竭尽所能地发挥出自己的优势，使之与行业提供的工作机会完满匹配。

(4) 提纲式地列出一份未来五年的职业行动计划，这一步主要涉及一些具体的东西。请同学们拟出一份实现上述步骤中每一目标的行动计划，并且详细地说明为了实现每一目标，需要做的每一件事，何时完成这些事。如果同学们觉得自己需要一些外界帮助，请说明需要何种帮助以及如何获取这种帮助。举个例子，同学们的个人SWOT分析可能表明，为了实现自己理想中的职业目标，需要进修更多的管理课程，那么，同学们的职业行动计划应说明自己何时进修这些课程。同学们拟订详尽的行动计划将帮助自己做决策，就像公司事先制定职业经理行动指南一样。

二维码链接 SWOT分析案例

二、CASVE循环法

计划型生涯决策由沟通—分析—综合—评估—执行五个步骤组成，在《职业发展和服务：认知方法》一书中，美国心理学家Peterson及其同事将来自认知的信息加工研究用于职业发展理论。在决策技巧领域，Peterson等人将使个体加工自我和职业信息的能力作为一般信息加工技巧。这些技巧按开头字母可缩写为CASVE。它们代表了Peterson等人认为做出好决策所需的技巧，并以循环的方式呈现。如图4-4所示：

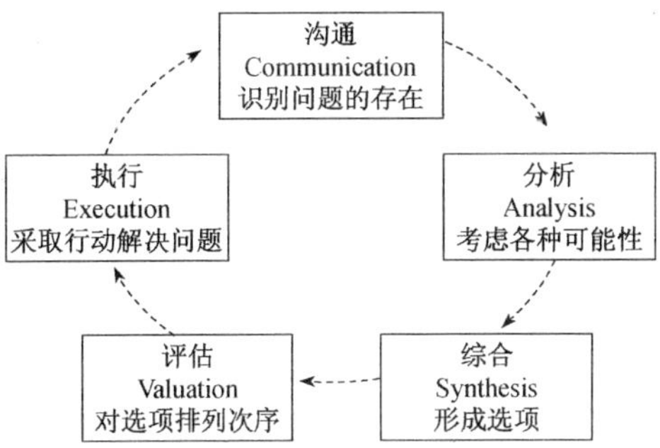

图4-4 CASVE循环模型

1. **沟通**

沟通，包括内部和外部的信息交流，通过交流使个体意识到理想和现实之间存在的巨大差距。内部的信息交流，是指个体自身的身心状态，比如在毕业找工作的时候，毕业生可能在情绪上会感受到焦虑、抑郁、受挫等，在躯体上会有疲倦、头疼、消化不良等反应，这些情绪和身体状态都是一些提醒同学们需要进行内部交流沟通的信号。外部的信息交流，是指外界的一些对同学们产生影响的信息，比如宿舍同学开始准备简历就给同学们提供了一种外部信息，提醒同学们自己也需要开始准备找工作了；又如在求职过程中父母、老师、朋友提供的各种建议。通过内部和外部沟通，同学们将意识到自己需要解决某些问题，这样的交流对开始生涯选择十分重要。沟通阶段需要回答的最基本的问题是：此刻自己正在思考并感觉到自己的职业选择是什么？

2. **分析**

分析，是通过思考、观察和研究，对兴趣、能力、价值观和人格等自我知识以及各种环境知识进行分析，从而更好地理解现存状态和理想状态之间的差距。在分析阶段主要运用的是前两章认识自我和认识职业环境中提到的方法。

在分析阶段需要对两方面的知识进行了解。首先是自我知识，包含了兴趣：自己喜欢做什么？做什么事情的时候最能够投入？做什么事情能让自己得到享受？能力：自己擅长做什么？什么事情是自己能做得比别人好的？自己都掌握了哪些专业知识？价值观：自己看重什么？这辈子希望达到的目标是什么？希望工作可以带给自己什么？人格：自己是内向的还是外向的？自己关注宏观抽象的事物还是具体细节？自己倾向理性思考还是感性体验？自己习惯于有条不紊还是随机应变？

其次是环境知识，每一个选择处于什么样的环境？会带来什么样的生活？需要付出什么努力？比如：对于考研来说，需要付出什么努力？花多长的时间准备？读研之后的生活是什么样的？研究生毕业之后的求职情况如何？而对于找工作也需要了解每一份职业相关的信息。

3. **综合**

综合，是根据分析阶段所得出的信息，先把选择范围扩展开来，然后再逐步缩小，最终确定3～5个最可能的选项。这个先扩大后缩小的过程非常重要。通过分析阶段，同学们对自身各方面都有了很多了解，每一个方面都分别对应着多个职业，把这些职业都列出来，就会得到一个范围很广的选择列表；然后选取其中的交集，就得出了缩小的职业选择范围；然后，把最可能从事的职业限定到三至五个。最后，可以问自己“假如我有这三至五个选择，是否可以解决问题，消除现实和理想状态的差距？”如果可以，就进入评估阶段做出最适合的选择，如果还是不能解决问题就需要重新回到分析阶段了解更多信息。

4. **评估**

评估，对于综合阶段得出的三至五个职业进行具体的评价，评估获得该职业的可能性，以及这个选择对自身及他人的影响，从而进行排序。比如，可以问：（1）对我个人而言什么是最好的？（2）对我生活中的重要他人而言什么是最好的？（3）大体上，对我所处的环境而言什么是最好的？还可以通过生涯平衡单和 SWOT 分析等方法进行评估。

5. 执行

执行，是整个 CASVE 的最后一部分，前面的步骤只是确定了最适合的职业，还不能带来职业选择的成功，需要在执行阶段将所有想法付诸实践，如：开始具体的求职过程；也为再一次回到沟通阶段提供线索，以确定沟通阶段所存在的职业问题是否得到了很好的解决。在执行阶段，需要制订计划，进行实践尝试和具体行动。如果没有解决可以再次回到沟通阶段，重新开始一次 CASVE 循环，直到职业生涯问题被解决为止。

6. 沟通再循环

CASVE 循环是一个自身不断循环的过程。在执行阶段之后，个体又回到沟通阶段，以确定已经选取的选择是否是好的——现实与理想状态间的差距是否已经被消除。如果 CASVE 循环的问题解决过程是成功的，那么原先在沟通阶段体验到的消极情绪就会转化为积极情绪。如果仍然是消极的，那么就需要再次进入 CASVE 循环。

在问题解决和决策过程中，很多时候人们会很快完成 CASVE 循环的五个阶段，或者在某一个特定的阶段稍有延迟。CASVE 模型无论是对解决个人问题还是解决团体问题都非常有用。用系统的方法思考这五个步骤，能够提供一个有用的工具，使我们成为一个有效率的人。

二维码链接　职业选择成功公式

三、生涯决策平衡单法

生涯平衡单技术是由詹尼斯和曼设计，将重大事件的思考方向集中到四个主题上：

1. 自我物质方面的得失；
2. 他人物质方面的得失；
3. 自我赞许与否；
4. 社会赞许与否。

台湾生涯辅导专家金树人将最后的两项“自我赞许与否”和“社会赞许与否”改为“自我精神方面的得失”与“他人精神方面的得失”，就是从以“自我—他人”，以及“物质—精神”所构成的四个范围内来考虑。如图 4-5 所示：

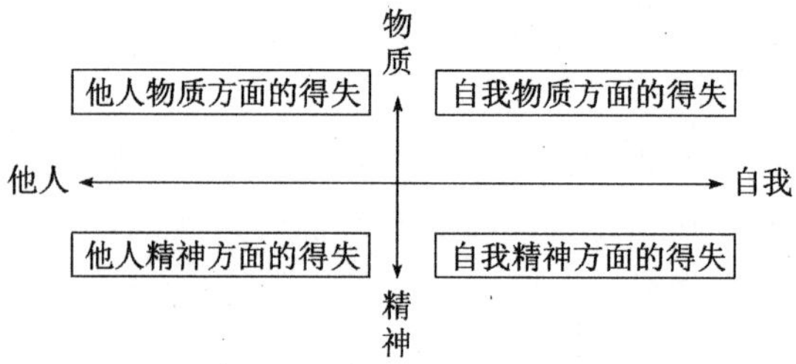

图 4-5　生涯决策平衡的主题

生涯决策平衡单，如表 4-4 所示：

表 4-4　生涯决策平衡单

考虑项目（权重－5——＋5）		选择一				选择二			
		得（＋）		失（－）		得（＋）		失（－）	
		原始分	加权分	原始分	加权分	原始分	加权分	原始分	加权分
个人物质方面的得失	1. 收入								
	2. 工作的困难								
	3. 升迁的机会								
	4. 工作环境的安全								
	5. 休闲时间								
	6. 生活变化								
	7. 对健康的影响								
	8. 就业机会								
	9. 其他								
他人物质方面的得失	1. 家庭经济								
	2. 家庭地位								
	3. 与家人相处时间								
	4. 其他								
个人精神方面的得失	1. 生活方式的改变								
	2. 成就感								
	3. 自我实现的程度								
	4. 兴趣的满足								
	5. 挑战性								
	6. 社会声望的提高								
	7. 其他								

续表

<table>
<tr><td colspan="2" rowspan="3">考虑项目
（权重－5——＋5）</td><td colspan="4">选择一</td><td colspan="4">选择二</td></tr>
<tr><td colspan="2">得（＋）</td><td colspan="2">失（－）</td><td colspan="2">得（＋）</td><td colspan="2">失（－）</td></tr>
<tr><td>原始分</td><td>加权分</td><td>原始分</td><td>加权分</td><td>原始分</td><td>加权分</td><td>原始分</td><td>加权分</td></tr>
<tr><td rowspan="4">他人精神方面的得失</td><td>1. 父母</td><td></td><td></td><td></td><td></td><td></td><td></td><td></td><td></td></tr>
<tr><td>2. 师长</td><td></td><td></td><td></td><td></td><td></td><td></td><td></td><td></td></tr>
<tr><td>3. 配偶</td><td></td><td></td><td></td><td></td><td></td><td></td><td></td><td></td></tr>
<tr><td>4. 其他</td><td></td><td></td><td></td><td></td><td></td><td></td><td></td><td></td></tr>
<tr><td colspan="2">合计</td><td></td><td></td><td></td><td></td><td></td><td></td><td></td><td></td></tr>
<tr><td colspan="2">得失差数</td><td colspan="4"></td><td colspan="4"></td></tr>
</table>

生涯决策平衡表的使用方法：

第一步：在第一行列出你的可选职业生涯方向的方案。

第二步：在“考虑项目”一列中，根据个人关注的内容，填入在选择中需要考虑的因素。（以上表格所列项目仅为参考范例，个人可根据各自实际情况罗列）

第三步：将表的各项加权打分。

1. 根据各方案具有的优势（得分）、缺点（失分）来考量，给出每个项目的得分或失分，计分范围 1～10 分。

2. 给每个“考虑项目”赋予权重：重要性因人、因时、因地而不同。对于此刻的你，可以根据考虑项目的重要性与迫切性，乘上权数，加权范围：－5 到＋5 倍。

第四步：合计每个方案的优点总分和缺点总分，正负相加，算出得失差数。

体验活动

分析你决策中的 CASVE 循环

请同学们使用 CASVE 循环来分析自己即将面临的选择或者是职业决策问题，可以参考以下问题进行。

1. 你是怎样意识到自己的需求的？

____

____

2. 你是如何分析这个问题，搜集相关信息的？

____

____

3. 你是如何形成解决方案的？

4. 你是如何在不同的解决方案之间做选择的，你的选择标准是什么？

5. 你是如何落实行动的？过程是否如你预期的那样？

6. 你怎样评价自己当时的决策过程，你对结果感到满意吗？如果不满意，是哪个步骤出现了问题？

7. 如此分析了你的决策过程之后，你对于自己的决策模式有了什么新的发现？这对你处理职业决策有什么指导意义？

实践拓展

三百六十度评估自己的职业生涯决策

请将你最终的职业生涯决策详细描述并写在下面：

1.

2.

3.

你的老师对你的决策的看法与建议有哪些？

你的同学对你的决策的看法与建议有哪些？

你的家人对你的决策的看法与建议有哪些？

你的职场朋友对你的决策的看法与建议有哪些？

____

____

当完成以上访谈之后，再综合反思一下，你的职业生涯决策是否有变化？

____

____

专家视角

一、大学生职业决策常见问题

1. 自身利益和现实需要的冲突

大学生在选择职业时比较在意自己利益，较少考虑社会利益。比如，在选择就业单位时，一部分大学生对工资待遇、行业发展前景等职业的外在条件过分在意，一定程度上忽视了社会的需求。还有一些大学生毕业后没有过硬的知识技能，缺乏实践经验和吃苦耐劳精神，个人能力和社会需求有差距。由于没有平衡自身利益与现实需要的冲突，在实际工作中，他们难免会遇到困难和挫折，有时还会对职业发展产生负面影响。

2. 职业决策信息不充分

信息的充分性会影响到职业决策的效果。一些大学毕业生在选择就业单位及职业时，往往只能凭职业外在少数的、有限的信息如工资待遇、地理环境、单位规模和知名度等做出职业决策，而对企业发展战略、企业文化、人力资源管理等内在信息缺乏了解，这样的决策会引起供求双方的需求错位，导致人力资本的浪费和招聘企业用人成本的提高。当前大学生初次就业的巩固率不高，据统计，一年后的巩固率只有20%，这与大学生进行职业选择时信息不充分有很大的关系。

3. 人职不匹配倾向

当前大学生选择职业时十分注重提升个人能力，但他们却没有准确了解某一职业在当前经济社会发展中所处的位置、未来发展的趋势、职业的特点以及对从业人员特质的需要，没有把个人特质同社会的需要、职业的需求进行很好的匹配，没有找到个人与社会的结合点。中国人力资源网的调查统计显示，大学生和企业人士在“解决当前大学生就业难的方法”上的选择有很大不同。在企业人士看来，最主要的是“学生的就业心态”，而“学生提高职业素质”“提高学生技能”是其次；而在学生看来“提高技能”及“提高职业素质”是最主要的，“理性就业心态”反而次要。这从一定程度上反映了职业决策时人职不匹配的倾向。①

①方翰青．高校职业咨询的设计与操作．重庆工学院学报（自然科学版），2007（6）．

二、幸运绝非偶然

著名职业生涯规划大师克朗伯兹有一本经典著作——《幸运绝非偶然》。在书中，作者强调：你的生涯任务并非一定要做出一个生涯决策，而是要学会采取行动来为自己创造一个更加满意的人生。

克朗伯兹认为，微小差异和机会性因素对个人的生涯发展具有极其重要的作用。也就是说，意外的、偶然的事件有可能引起个人生涯之路的巨大变化。我们通常认为成功的生涯转换就要先知道我们想做什么，然后利用这一知识指导接下来的行动……而事实上转变通常都不是这么发生的。应该先开始行动，然后才会有所领悟。以积极乐观的态度，面对及接纳做决策时的不确定以及成功概率的不确定，以直觉、开放的心态面对职业决策。现在就开始行动，增大未来有益的偶然事件发生的可能性，去创造无法预知的生涯机会。

下面是该书的摘要，供参考。

生命中那些超出计划范围的事件以及突发状况，比起我们精心安排的事情，往往更能影响我们生命中重大的决定。一次偶然的会面，一次失约，一次临时决定的假期旅行，一个替补空缺的工作，一个新发现的个人爱好——这些经验都可能影响我们生命的方向和职业的选择。

真实的人生故事，说明了幸运绝非偶然；根据这些故事给出的特别的建议，你能够将其应用到自己的生活中去。我们相信每个人都有类似的故事可以跟大家分享，我们期待着你阅读完本书以后能够写出自己的好运气的故事来。告诉自己“我今天要做一样不同寻常的事情”，然后去实现它。想想你的行动对其他人的好处，而不只是对你自己的好处。想清楚一点：即使你的行动失败了，总好过什么都不干。尝试给名人发电子邮件，问些能够激起他们兴趣的关于他们工作方面的问题；在宴会上，问些有挑战性的问题，如“要是你中了彩票大奖，你准备干什么”；开始学习一种乐器或魔术等娱乐方式，并达到你可以在晚会中表演的水平。

请牢记幸运绝非偶然，不用太早决定自己的未来。随着你的成长，经过不断的学习，你周围的世界在不断变化，你人生的目标也会随之发生变化。意外的偶发事件会影响你的职业，请随时保持警惕，做好准备充分利用这些偶发事件。与梦想相比，现实会给你更好的选择。请牢记这一点，随时保持清醒。

人们都会犯错并经历失败，但同时也会给你提供绝佳的学习机会。你可以创造属于自己的偶然的幸运事件，通过志愿提供帮助、加入各种组织、学习各种课程、与朋友以及陌生人聊天、网上冲浪、阅读书报杂志等活动，让你自己对别人有帮助。一句话，让你的生活保持活跃，丰富多彩。每次经历都是一次学习的机会。每个新工作都是另一次学习的机会。即使没有工作，你也可以发现一大堆丰富多彩的活动能让自己过得满足，如帮助别人。

三、职业生涯选择的十一个方法

当你做了一个选择，但结果并不好，或者你发现有更好的选择时，恭喜你，你很有可能后悔了。下面一些对这个充满选择的世界的方法，其中很多对降低后悔的倾向有直接的作用。

（一）把精力集中在最重要的选择上

我们知道，拥有选择的机会对主观幸福感非常重要，但是选择本身也有劣势，选择越多，这些劣势也就越明显。拥有选择的优点是显而易见的，但缺点却以微妙的方式逐渐积累。也就是说，并非某个特定的选择出了问题，而是所有选择共同导致了最后的结果。

放弃选择的机会并不容易。要做到这一点，关键是要意识到，大多数时候对我们最重要的，是某个决定导致的主观感受而非客观结果。就算你能得到更好的，如果你在做选择时很不满意，那么就根本没有从中得到好处。很多时候，就是因为有过量的选择，才产生更差的客观结果和更糟糕的主观感受。

要应对过量选择带来的问题，必须首先明确究竟哪些选择对生活来说是最重要的，然后把时间经历都集中到重要决策上，其他的则可以放到一边。通过限制选择的数量，我们可以少做一点选择，多一点舒心。

不妨试试下面的方法：

回顾最近所做的选择，无论大小；

逐项列出做以上选择时采取的步骤、花费的时间、所做的研究以及做选择时的焦虑程度；

回忆自己做选择时的感受；

问问自己、花这些工夫去做选择到底得到了什么。

这个练习可以让你更深刻地意识到选择的成本，让你放弃某些选择，或促使你建立一个筛选标准，确定需列在重点考虑之列的选择，掂量每个选择需花费的时间和精力。

（二）成为选择者，而不是捡拾者

选择者是这样一种人：他们知道何谓重要的决定，知道何种情况下不应该做出选择，知道何时应该寻找新的选项，也知道如何选择更能凸显自己的不凡之处。能为自己和他人创造选择机会的正是选择者。不过面对海量选择时，我们通常会被迫成为捡拾者，只能被动地从已有选项里挑选。做选择者固然好，但要想多点自主选择，少点被动捡拾，我们就得学会在选择时自发地运用固有的习惯、习俗传统以及社会规范。

选择者有时间修正目标，捡拾者则没余地做出调整；选择者有时间避免从众，捡拾者则只能随波逐流。做出明智的决定需要消耗时间专注思考，只有选择者才能做到。

当你回顾最近所做的选择时，会更清楚自己付出了多少，也会发现什么是自己真正在意和不在意的东西。你可以：

少花时间决定无关紧要的事；

用省下来的时间问问自己，在人生中的重大抉择中，你想要的到底是什么；

当你发现现有的选项没有一个符合自己的要求时，不妨思考怎样创造出更好的选项。

（三）做一个满足者，而不是最大化者

在选择过量的社会里，最大化者会受更多的苦。最大化者畅游不切实际的期望，他们害怕后悔，不愿失去机会，害怕跟别人比较。当选择的结果不尽如人意时，最大化者将会非常失望。

学会接受“够好”的选择既可以减轻负担又能增加满足感。尽管在客观上，满足者可能不如最大化者做得那么好，但是如果“最好的”可望而不可即，最后还是只能选择“够好的”，满足者就会比最大化者感到好受很多。

我们必须承认，有时我们确实很难满足于“够好”，明明能做得更好却没有行动是很让人懊恼的事情。此外，这个世界上有很多人都在试图说服你，在有“更新更好”的选择时，仅仅选择“够好”是不够的。尽管如此，就算再苛求的人也不至于在生活的各个方面都做一个最大化者，人们至少有那么几方面会比较容易感到满足。关键是要学会拥有知足常乐的心态，享受这个过程，让它渗透到生活中的点点滴滴，而不是让其任意发展。一旦成为一个懂得满足的有心人，和别人的各种比较就不再重要了，后悔也减少了。这样一来，即便身处这个复杂且选择过剩的社会，内心也会更平静。

然而，要成为一个满足者，需要你慎重地反思自己的目标和雄心，这是你做选择时能够设定“够好”的标准。要知道什么是“够好”，需要了解自己，知道自己在乎的究竟是什么。所以你可以：

回忆生命中那些曾经因“够好”而满足的时刻；

仔细想想那些时候你是如何进行选择的；

把这些技巧运用到其他选择上。

（四）别太在意机会成本

做决定之前想想别的选项并没有错，如果无视这些“机会成本”，可能会高估最佳选项的优点。可另一方面，我们对机会成本考虑得越多，就会越不满意最终的选择，所以反倒是不要多想那些已经被否决的选项为好。

光是想想那些被淘汰的选项的优点，就会削弱对最终选项的满意度，鉴于此，有人建议我们干脆把机会成本通通忘掉好了。可是如果不跟别的选项比较，我们就无法知道自己所选的到底有多好。比如，所谓的“好投资”，就是相比其他投资，这项投资的回报率更高。由于缺少绝对标准，适当考虑机会成本也是必需的。

但也要谨记过犹不及。在这方面，次级决定可以帮上一些忙。当我们决定不去做某些决定时，就不需要考虑什么机会成本。成为满足者也可以有所裨益。因为满足者对“够好”的东西有自己的标准，和最大化者相比，他们更少依赖选项之间的比较。对满足者来说，所谓“好投资”不过是回报率比通货膨胀率高，其他的就不用劳神思考，不用考虑机会成本，不用去想如果把钱用在别的地方会不会更好。

下面的几句小俗语可能有助于减少思考机会成本时带来的失望：

除非真的很不满意，否则还是买常用的那款；

不要轻易被所谓的“新款或改进版”所迷惑；

没“痒”别乱“抓”；

不用担心选了这个，就没办法拥有其他新东西。

（五）做不可逆的选择

当我们可以对某个选择反悔，满足感就会降低，要是某个选择是不可更改的，我们就会采用多种心理机制，对自己的选择感到好受一点。如果某个决定是可逆的，这些心理机制就没什么效果了。

做重大决策最能体现不可逆选择的威力。寻找终身伴侣跟到商场购物不同，两者不能相提并论。面对更具吸引力的选择，收获幸福和安宁的唯一途径就是对自己说：“我已经选择了自己的终身伴侣，就算那个谁长得再好看，也与我无关。”挣扎于你和伴侣的爱是不是真的，苦恼生活的质量是否达到平均水平，以及总是想你能否做得更好、找到更好，皆是痛苦之源。一旦做了不可逆的选择，你就可以把更多的精力放在改善已有的关系上，而不是进行无谓的猜疑。

（六）培养感恩之心

我们对事物的评价很容易受比较的影响，比较的对象甚至可以是虚构的。同一种体验可以好坏并存，而我们是否对其满意，取决于我们关注的是哪一面。如果总是想象有更好的替代品，我们的选择就会显得很糟糕，而当我们想到有比它更差的选项时，我们的选择就会显得很不错。

下意识地用感恩之心看待我们的选择或体验，减少对消极方面的失落感，就能让心情变得更好。

感恩之心并不是自然自发产生的。一般来说，对已选择的不满会引发我们去想可能的替代选项。要是生活不如意，我们就会想怎么才能过得更好。要是日子过得还不错，我们就不会想它变差后会怎样。只要通过训练，我们都可以学会更积极地看待事物，对生活中的好事也会相应地感觉更好。

感恩也需要训练，如果你给自己的目标过于笼统，就不会真的去做。不如考虑一下下面的简单步骤：

在床头放个记事本；

每天临睡前，在本子上记下这一天里发生的值得感恩的五件事。有时可能是大事，例如第一次约会，但大多数时候会是小事，比如看到明媚的阳光穿透寝室窗户洒落房间、听朋友说了一句舒心的话、吃了一条可口的红烧鱼，或者在杂志上读到一篇好文章。

刚开始这样做的时候你也许会觉得很傻，但如果坚持下去，你会发现越来越简单，越来越自然。你还会发现，原来最普通的日子里也有那么多事情值得感激。最后，你会发现自己对生活越来越满意，不再渴望找什么“更新更好”的玩意儿来改善生活。

（七）告诉自己不后悔

无论是感到自己可能后悔还是真的追悔莫及，后悔带来的刺骨之痛都会影响人们的选择。虽然后悔在很多的时候都有其合理性和启发性，但当它强烈地影响了我们的选择时，就该想方设法减少它。

我们可以用下面的方法来减少悔意：

采用满足者而不是最大化者的标准；

在做决定前，减少选项的数量；

对决定的好处心存感激，而不要纠结于不好的方面。

生活是如此复杂，任何一个我们以为能改变一切的决定，其实都渺小无比。

（八）为适应做好心理准备

我们会适应任何有规律可循之物。生活艰难时，适应能使我们免受困难的冲击。生活不错时，适应就会让我们踏上“享乐跑步机”，消耗我们从积极体验中获得满足的能力。我们没有办法阻止适应的发生，我们能做的，就是对不同阶段的体验做出符合实际的期望。

关键是要记住，无论高档音响设备，还是豪华轿车都不会像我们最初体验的那样，源源不断地给我们带来欢乐。学会在愉悦感减弱后依然感到满足，当适应发生时才不会感到失望。我们也可以采用满足者的策略，通过减少做决定所花的时间和精力，来减少适应带来的失望。

为了减少失望，为更好地适应做好心理准备，我们可以试试下面几点：

买新车的时候要明白，无论你买的车多好，两个月后，你都不会像现在这样激动；

少花些时间去找完美的东西，你就不会因为高昂的搜寻成本而减少从最终选择中得到的满足感；

提醒自己关注现在的事物有多美好，而不是关注它们现在没有原先那么好。

（九）控制过高的期望

我们对体验的评价大多受到期望的影响，若想增加选择的满足感，最简单的方法就是不要对它们期望太高。然而说比做容易得多，尤其是在这个鼓励高期望的世界，到处都是选择，以至于让人以为总能找到完美选项。要想把降低期望的任务变得容易一些，你可以：

减少选项的数量；

做一个满足者而不是最大化者；

留心那些突如其来的意外事件。

（十）学会避免社会比较

我们通过与他人比较来评价自己。虽然社会比较能提供有用的信息，但也常常减少我们的满足感。所以少一点比较，我们的满足就会多一点。类似“少管别人在做什么”的建议很容易说出来，但要做到就不简单了。别人在做些什么显而易见，而我们中的大多数好像都很在意地位，因为有些生活中的重要资源（比如好大学、好工作）只有同辈中的优胜者才能获得。然而，社会比较对我们的身心健康影响恶劣，所以还是少一点为妙。满足者比最大化者更懂得如何避免社会比较，学会接受“够好”，就足以降低对他人在做什么的关注。

我在其他的一些建议里也提到过，当用绝对的标准来衡量问题时，人们对结果的感觉会没那么好。不采用绝对标准，是避免社会比较的好办法。所以你应该：

关注让你快乐以及让你的生活有意义的事物。

（十一）把选择的限制看成解放而非束缚

随着我们面对的选择越来越多，选择的自由最终会变成选择的暴政。常规的选择过程花费太多的时间和精力，使每一天都变成煎熬。在这种情况下，我们应该学会把选项的限制看成是解放而不是束缚。社会为选择提供规则、标准和规范，而个人经验则形成习惯。遵循规则使我们得以避免一次又一次地做出费劲的决定，帮我们省时省力，把时间花在那些尚无规矩可循的选择上。

短期来看，初级决定也就是关于生活中什么时候需要深思熟虑，什么时候可以走捷径的决定，为生活增添了一丝复杂性。但长期来看，很多日常的麻烦将因此而消失，我们会发现自己有更多的时间和精力，去思考那些保留下来但还没有做出选择的问题。

想想养在鱼缸里的鱼，生活在这个受到限制但也受到保护的世界里，小鱼可以去试验、去探险、去创造、去谱写它的未来，而不用担心挨饿或者被吃掉。没有鱼缸也就没有了限制，但小鱼可能要拼尽全力才能活命。有限制的选择和有约束的自由，使得小鱼可以想象各种美妙的可能性。

综上所述，从中我们可以有很多重要收获，其中一些结论并不那么显而易见，有一些甚至违反我们的直觉，比如：

想过得更好，就应该在选择的自由上自愿接受一些限制，而不是完全拒绝束缚；

想过得更好，就应该追求“足够好”，而不是“最好”；

想过得更好，就该降低对选择结果的期望；

想过得更好，做决定时就不应该给自己留退路；

想过得更好，就应该少关注身边的人在做什么。

有些生活中的常识，如选择越多越好、高标准出好结果、有退路总比没有好，正好与上面提到的结论截然相反。我希望告诉大家，这些常识其实是错的，至少在我们做决定时，不是选择越多我们就会越满意。

我们要去了解那些让人不堪重负的选择，因为它们对人类生活方方面面的影响不容忽视。要建立过量选择的档案，我们必须从需求层次的底层开始，慢慢往上走。[①]

①（美）巴里·施瓦茨．选择的悖论：用心理学解读人的经济行为．浙江人民出版社，2013.

四、确定职业生涯目标的“三定”原则

（一）定向原则

大学生职业生涯首先要“定向”。方向定错了，则南辕北辙，距离目标会越来越远，还要重新走回头路，付出较大的代价。因此，职业生涯决策，绝不能犯“方向性错误”。

（二）定点原则

所谓“定点”就是定职业发展的地点。比如，有些人毕业后选择去南方，有些选择到京津唐一带发展，有的则选择去边疆、大西北，选择到祖国最需要的地方。俗话说“人各有志”，但应当综合多方面因素考虑，不可一时冲动，心血来潮，感情用事。比如，有的人毕业去了南方，认为那里是改革开放的前沿，经济发达，薪资水平较高，但忽略了竞争激烈、观念差异、心理承受能力，甚至气候、水土等因素，结果时间不长又跳槽离开。如果一开始就选准地点，就可以在一个地方，围绕一个职业长期稳定发展，有益于自己资历和经验的积累。

（三）定位原则

择业前要对自己的水平、能力、薪资期望、心理承受度等进行全面分析，做出比较准确的定位。要成就什么样的事业，就要做什么样的打算和计划，在技术、管理等不同的领域要有不同的发展规划。

“三定”原则实际上就是解决大学生职业生涯规划中“干什么”“何处干”“怎么干”这三个最基本的问题。这三个问题解决好了，职业生涯发展就会比较顺利。[①]

五、找准自己的第一份好工作

职业生涯规划必须根据人才需求和职业形势的发展变化进行适时调整，才能保证职业生涯规划的有效，才能根据实际做好职业选择，才能顺利找到适合自己的好工作。

什么是好工作呢？

第一是所学即所做，实现知识与工作的持续性。一个好工作一定是把自己的“所学”充分利用。

第二是所做即所乐，实现工作与兴趣的趋同性。一个好工作一定是结合自身最大兴趣在里面。上面的“所学”已经在知识层面把兴趣融合在里面。兴趣才是最大的老师，兴趣才可以产生不竭的动力和激情，所以，找到一个和自己的兴趣趋同的工作才是好工作。

第三是所做即所能，实现能力对工作的胜任性。一个好工作一定是在你能力和潜力范围内可以胜任的。

---

①王豫．大学生职业生涯规划和就业指导．西南师范大学出版社，2009．

第四是所做即所愿，实现工作与理想的一致性。一个好工作一定是和职业理想一致的，有直接关系的。好工作是可以为实现职业理想做出奠基，是职业理想要求下的一个晋阶手段。我们所做工作的最终目的是实现内心的价值追求——达成理想。所以，不要为了做工作而做工作，而要为了实现理想去做工作去选择工作。

第五是所现即所求，实现通路对目标的支持性。一个好工作一定是在这个既定通路上可以越来越接近职业理想的。每个工作都有着客观的既定的职业晋升发展通路，所以当你选择了一份工作，不单要看这个工作本身是否和职业理想一致，还要看这个工作的晋升通路是否对职业理想有帮助，否则，只是这个工作本身对职业理想有帮助，而其向上的发展对职业理想的支持不大或没有，那你向上发展就没有必要了。因为你的最终目的是实现职业理想——内在的价值追求，要沿着这个既定的职业晋升发展通路发展下去。

好工作的新标准其实就是为了满足自身的最大成就感。最大化地支持内在价值追求——职业理想的实现，从而达到自我实现的至高精神境界。

第一份工作怎样选?

第一份工作非常重要，因为它在很多方面会塑造你的人生模式。

日本生涯学家高桥宪行建议：大学毕业生选择第一份工作不妨依据企业的“生命周期”来考虑。所谓“生命周期”是指一般企业的寿命大致可分为五个阶段：开发期、成长前期、成长后期、成熟期与衰退期。处于“开发期”的企业，刚起步，晋升的机会通常较多，短时间内就可能升到较高的位置，但相对而言，由于企业基础尚不够稳固，所以势必要承受较大的经营风险。处于“成长前期”的企业，晋升的机会也较多，但速度则略微缓慢一些。“成长后期”的企业，制度、体系都已上了轨道，想在短期内获得晋升或加薪恐怕比较困难。而一般的大企业多属于此阶段。如果你打算选择“成熟期”的企业，那你可要有心理准备，因为你的工作生涯可能很漫长、辛苦，晋升的可能性也较小。“衰退期”的企业，除非你具有超凡的能力，可以使濒临关门的企业起死回生，否则根本不需要考虑，因此你大可不必以自己的尚不成熟去应战。

大学生如果不知道如何选择第一份工作，不妨先回答以下七个问题：

1. 我希望进入一家薪水普通但稳定性高的企业。

2. 我希望进入一家工作消闲又能兼职的企业。

3. 我希望进入一家以实力决定待遇的企业。

4. 为了自己将来创业方便，我希望进入一家能充分学习的企业。

5. 我希望进入一家环境安定、能从事新事业的开发、企划工作的企业。

6. 我希望进入一家能重用年轻人的企业。

7. 我希望做自己喜欢而且待遇又高的工作。

根据高桥宪行的分析，选择“一”的人，适合进入“成熟期”的企业；选择“二”的人，最好还是不要“脚踏两只船”，不妨在本职之外，另外从事一些较不费时的投资渠道；选择“三”的人，“成长前期”的企业最适合你；选择“四”的人，适合进入“开发期”或“成长前期”的企业，如此才有机会学到所有工作的实务；选择“五”的人，可以考虑

“成熟期”企业中的企划或开发部门；选择“六”的人，这个愿望恐怕很难在企业中实现，但可以尝试“开发期”或“成长前期”的企业；至于选择“七”的人，只有一条路可行——自行创业当老板。

李开复曾经说过，人生只有一次，不要浪费在没有快乐、没有成就感的领域。李开复老师对大学生寻找第一份工作的建议是：

- 能够帮助自己继续学习；
- 可以让自己在五年后有更好的发展机会；
- 符合自己的兴趣和理想，或能够帮助自己发现兴趣和理想。①

网上精品视频课程

职业生涯决策

①杨军．大学生全程就业指导教程．北京师范大学出版社，2009.

第五章 珍惜当下——职业生涯奠基

本章导图

- 第五章 珍惜当下——职业生涯奠基
  - 名人寄语
  - 【导入活动】适应大学，放飞梦想
  - 【阅读思考】未来的你，是否会感谢现在的自己
  - 第一节 了解大学生活 明确大学任务
    - 【案例故事】大学多努力 职场少坎坷
    - 一、大学的学习生活
    - 二、适应大学学习生活
    - 【体验活动】给现在一个期许，给未来一个回忆
  - 第二节 明确高职特色 树立学业自信
    - 【案例故事】能力，在实践中提升
    - 一、高等职业教育的性质与定位
    - 二、高等职业教育的人才培养模式
    - 三、专业与职业
    - 【体验活动】专业探索
  - 第三节 厘定发展方向 规划学业路径
    - 【案例故事】心中有方向，脚下路自成
    - 一、学业规划是大学生第一堂必修课
    - 二、以“就业”为目标的学业规划
    - 三、以“继续深造”为目标的学业规划
    - 四、以“创业”为目标的学业规划
    - 【体验活动】澄清学业方向与目标
  - 【实践拓展】完成学业规划评估与反馈
  - 【专家视角】
    - 一、大一新生我想对你说
    - 二、花十万学费买到的十二句话
    - 三、洛克菲勒给儿子的信：现在就去做
  - 【网上精品视频课程】学业生涯规划

名人寄语

我们不能怨天尤人，我们现在的样子，
是曾经的我们使用时间亲手塑造了如今的样子；
而不久的未来，我们的样子，
又取决于现在的自己使用时间的方式。
我们使用时间的方式，就是我们塑造自己的方式。

——罗振宇

导入活动

适应大学，放飞梦想

从高中到大学，同学们迎来了人生新的起点，对过去经历的总结，有助于同学们更好地了解自己，同时更好地适应大学的学习与生活，请认真完成下面这张表格，看一看，有哪些新的发现。

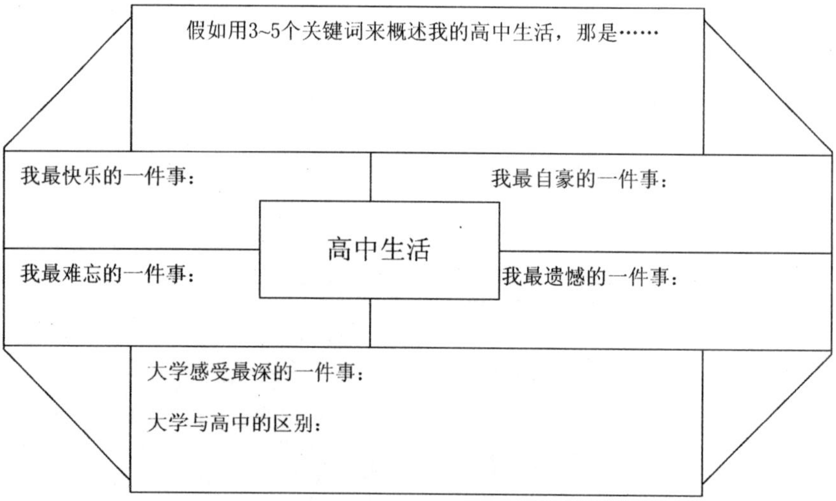

现在，拟定自己在大学期间的目标与任务，然后将这些目标任务与自己的人生梦想进行对比分析，看看有哪些联系。

阅读思考

未来的你，是否会感谢现在的自己

一、课程刚刚结束时的感想

王方同学上了大学后，才知道有职业生涯规划这门课，出于对自己未来赖以谋生职业的好奇，他对职业生涯规划课程充满了期待。不知不觉中，短短8次职业生涯规划课结束，他满怀着希望与失落走出了教室。满怀希望，是因为这门课让他看见了是一个无比广阔的舞台；怀揣失落，是因为他不知道上台以后该表演什么。

在课堂上，很多案例让他深刻印象，尤其是潇潇的。潇潇是一个爱冒险的人，遇到机会就奋不顾身地去挑战，因此她的大学生活丰富多彩，拥有了让人梦寐以求的简历，只是，王方是一个愿意接受挑战的人吗?

王方认为自己是一个循规蹈矩的人，大部分时候，他都比较能适应环境然后就安于现状，甚至对人生也没有什么追求，只想平平淡淡地过完一生，过最普通最普通的生活。矛盾的是，每每看到有些人过着充满变动的生活时，心里又一阵心潮澎湃。在他看似平淡无奇的生活中，每次做出一点违反规则的举动，度过一段稍微不同寻常的生活，他都会感到开心不已。

很难说王方到底想要什么，好像既想要平静的生活，又想要刺激的生活。他看到的都只是两种不同人生最光鲜的表面。按理说，一种性格总有一种最适合的选择，但他在这两种选择中一直很迷茫，分不清羡慕、喜欢与适合。为什么会这样呢? 王方认为和他的大学生活如何选择有很大关系。如果他追求平淡，就不会在现在时常感到巨大的心理压力，可能就不会积极地去锻炼自己；如果他想要实现价值，过一种“有意义”的生活，那他需要孜孜不倦地开阔视野，提升自己，寻找机遇，这样很难也很累。

暂且先不说如何找到选择适当的方式，如果说王方只想将平衡工作和家庭的关系作为目标的话。他就连自己想要什么生活都还不清楚，这让他感到恐慌。归根结底，是他分不清羡慕的、喜欢的和适合的。

王方觉得可能不是他一个人有这样的问题，每当想到这点他可能会好受一些。的确，决策是一个很难的过程，也是一个必须要自己做出的过程，决策是一切的开始。但他还是希望老师能在这方面给予他更大的帮助。

不过上完这门课，王方知道就算他现在没有想好每一步清晰的未来，他也可以做好当下，认真书写自己的简历，至少他应该学习，至少当机会在他面前时他要抓住，至少要给以后可能的决策改变打好基础，至少凡是有感兴趣的都要去尝试。青春不可能无怨无悔，但需要持续地思考未来，持续地做出规划，才能让后悔降到最少。

二、两年之后的感想

时光飞逝，转眼已经到了大三。虽然大一时的困惑依然没有得到完美的解决，有时候依然会羡慕别人光鲜的生活，但是王方在寻求答案的过程中做出了不同的尝试，也有了许多收获。

首先，他想认真去做社会实践。于是大一暑假加入了中国社会科学调查中心的中国健康与养老追踪调查，深入西南农村一个月，了解到最真实的祖国基层现状。他意识到他无法成为拯救人类贫穷的英雄，但是他却可以成为一个“普通”的社会科学工作者，去处理分析数据，帮助政策的制定。

其次，他想积累与人沟通的经验。于是大二留任了学生会干部。不是什么大官，却也体会到当一个小小的领导者的乐趣，对课程上所学到的管理学、组织行为学的理论有了自己的解读。

最后，他想拓宽自己的视野。于是报名了学校的交流交换项目。今年暑假在台湾交流的一个月，让他看到了一种完全不同的学校氛围和学生面貌。而就在推送文章的这天，他正坐在去往北欧芬兰的飞机上，准备迎接他迄今为止最英雄的一段历程——独自在陌生的国度交换一学期。谁知道他又会遇见一个怎样的自己呢？或许美丽神秘的北极光将告诉他答案吧。

大部分时候王同学方就是一个十分平凡的人，偶尔也会抓住机会做一些不那么平凡的事情，去经历，去看见不同的选择，这样也很好。没有什么必然的选择要去做一个英雄，大家都是在曲折中跌跌撞撞地前进。

文章选自：《北航学生职业生涯规划》公众号

问题：

1. 在职业生涯规划课程结束后，王方还有哪些问题没有解决？在之后寻求答案的两年中，她做了哪些尝试？

2. 职业生涯与发展规划将要结束，你有哪些收获和疑问？在今后的两年中，你准备如何去面对这些问题？

第一节　了解大学生活　明确大学任务

【案例故事】大学多努力，职场少坎坷

郑爽，法律专业毕业生，目前为某律师事务所办公室主任。虽然在以往学习工作中有过苦涩和失败，但收获更多的是历练与成长。

回顾自己的职业发展过程，郑爽很感谢专业学习给予她的理论知识和实践技能，以及在学习过程中逐渐养成的职业思维模式。前期的积累使郑爽走上工作岗位后，很快适应了法律事务所的工作节奏，较快完成了从普通人到法律人工作角色的转变。例如：她及时了解法律行业动态，注重法律专业知识的学习，不断完善知识结构；她勤于思考，创造性完

成各项工作；她精益求精，每一份文字材料都能满足各方面要求；她善于总结，及时发现差距和不足，保证第一时间弥补。

郑爽毕业已经十年，在职场的奋斗经历使她深知工作岗位来之不易，须倍加珍惜。但更重要的是，如果没有在大学阶段打下的坚实专业基础，她的职场之路注定不会平坦。

郑爽的经验告诉大家：珍惜大学时光，以学业为重。首先要深刻认识和高度认可自己的法律专业。法律作为一门理论性和实践性都很强的学科，要在不断积累法律相关理论的同时，积极参与社会实践和法律志愿服务等第二课堂的活动，以不断提升自己的法律实践技能和积累实际工作经验。其次，要客观面对社会政治、经济、文化、生态等领域的发展，强化对法律专业的兴趣。如果有机会，要进一步提升学历、提升法律专业素养，为将来的职业发展打下坚实的基础。

问题思考：

1.“法律作为一门理论性和实践性都很强的学科，要在不断积累法律相关理论的同时，积极参与社会实践和法律志愿服务等第二课堂的活动”，你认同郑爽学姐的这句话吗？为什么？

2. 你所学专业的特点是什么，应该通过哪些方式去培养专业能力？

一、大学的学习生活

当中学学习生活的习惯还在延续而未褪尽的时候，同学们进入大学仿佛置身于万花筒之中，到处充满新鲜，学习和生活已发生明显的变化。

（一）大学学习的特点和变化

大学的学习特点与中学时代相比已发生了明显的变化。大学学习是在教师的指导下，有目的、有计划、有组织、有系统地进行的，是在较短的时间内接受前人所积累的文化科学知识，以此充实自己的过程。大学学习有其独有的特点：

1. 专业性

即以某一专业为主，通过系统的专业学习，同学们不仅要熟练掌握一门专业知识，还要具有能较好利用该专业知识来解决本专业领域内实际问题的能力，专业性强是大学学习的首要特点。由于各种因素的影响，社会对大学所设置的专业偏好不同，评价不一。但学校里所开设的专业都是社会发展必不可少的，每个从事自己就读专业的同学都会有一番天地。因此，同学们要理性思考自己所学的专业，坚定专业方向，调动自己的学习热情，树立积极正确的专业学习思想，避免出现认识上的误区。

2. 广泛性

随着社会化大生产和社会分工的发展，尤其是随着知识信息时代的发展，仅有专一的知识是不能完全适应社会发展需要的。一专多能、全面发展是时代对同学们的要求。因此，同学们除了要精通一门专业知识外，还必须广泛涉猎有利于自身成长的相关知识，掌握科学的学习方法，培养自主学习和独立思考问题、分析问题、解决问题的能力，这是大学阶段学习的重要特点。

3. 互促性

大学学习，可以根据共同的理解、兴趣、爱好和追求，与其他同学形成一个个小的学习团体或伙伴关系，通过讨论、交流等形式，交换学习体会和心得，在思想碰撞中找到知识启发和学习灵感，达到相互激励、相互促进的目的。

4. 自主性

实行学分制的大学，除了公共科目、学科基础课和专业课属于必修之外，各专业都开设选修课。同学们可根据个人情况选择相关课程，也可根据个人兴趣爱好和能力选择第二专业进行学习。大学自由支配的学习时间较中学有所增多，学习的自主性也大大加强。同学们应当自主地安排自己的学习时间、制订自己的学习计划、选择学习内容、寻找适合自己的学习方法。

根据以上学习特点，同学们要相应调整自己的学习方法和学习态度。学习方法由“学什么”转变到“怎么学”，学习态度由“要我学”转到“我要学”，培养自学能力和终身学习的意识就成了关键。

（二）大学生活的特点和变化

大学生活是一个全新的天地，也是一个从学校到社会的过渡期。这个过程是自由的，是充满矛盾和酸楚的，是人生发展的必经阶段，也是悦纳自我的必然过程。如何尽早把握大学生活的规律，是同学们应该着手解决的问题。

1. 大学新生陡然从一个“熟人型”社会进入“陌生人”社会，人际交往由“一元化”向“多元化”转变。来自五湖四海、四面八方的同学组成一个学院、一个班级、一个宿舍，兴趣爱好、生活习惯存在差异在所难免，互相理解和关心成为一种需要。

2. 日常由父母“包办”的家庭生活变为独立自主的集体生活。大部分同学读大学都需要离开父母独立生活，许多同学还远离家乡，同学们必须独立支配自己的生活，比如衣、食、住、行、经济开支等都由自己自行安排、独立处理。

3. 大学校园管理与中学相比也有许多不一样的地方，学校管理由中学的“封闭型”向大学的“松散型”转变。在大学里没有固定的教室上晚自习，没有统一的作息时间要求，老师不像中学时那样紧随身边监督，学校的规章制度也有所变化。

4. 社会活动范围由窄变宽。进入大学后，同学们参加各种社会活动的概率大大增加：党组织、团组织、学生会、班委会、学生社团等组织的活动对于每一个同学都有很强的吸引力；老乡交往、舍友交往、恋人交往、师生交往等人际交往也将不同程度地占据同学们的生活空间。同学们可以根据需要选择性参加活动，合理安排学习和活动时间，积极地参与到健康向上的社会活动当中，在相互交往中培养能力，拓展人脉，促进了解，增进友谊。

二、适应大学学习生活

大学生可以通过以下几方面的努力，尽早适应、尽快融入大学生活：

（一）升华理想，确定新的奋斗目标

适应环境最根本的因素是要有明确的奋斗目标。进入大学后，专业方向已定，可以把美好的理想与所学专业结合起来，从社会理想的高度来认识上大学的意义，增强社会责任感和历史责任感，把社会需要与自身条件相结合，确立新的奋斗目标。

（二）摸索适应大学学习的方法

对大学学习的不适应最易产生情绪波动与自我评价偏差。刚入学，同学们要正确认识大学学习的特点，逐步摸索与自己水平、基础相适应的学习方法，注重自学能力的培养，学会管理和支配时间，学会应用工具书和利用图书馆等条件培养自学能力。

（三）尽快提高生活自理能力，养成科学的生活习惯

上大学后，同学们应该摆脱过去的依赖心理，在辅导员、班主任的指导下自觉主动参与集体生活，学会照顾自己。按时作息，养成科学的生活习惯，不要因为卧谈或者上网玩游戏而熬夜，影响第二天学习。计算机是一种学习的工具，控制好自己使用计算机的时间而不要让它来控制你。在大学里，一些同学由于网瘾荒废学习被退学、开除，追悔莫及！

学习之余参加一些文体活动，不但有利于缓解学习压力，调节生活，还可以放松心情，有助于提高学习效率。

（四）学习掌握人际沟通技巧

与来自祖国各地，性格、家庭背景、风俗习惯各异的同学交往，难免会有矛盾，需要同学们把握交往机会，学习沟通技巧，采取积极主动的方式与他人交往，并能够做到用宽容的心态去接纳别人，用赞赏的眼光去学习别人的长处。

二维码链接　清华大学顾秉林校长给毕业生忠告——给新生的报告

体验活动

给现在一个期许，给未来一个回忆

现在，想象一下，给 5 年后的自己写一封信，你会写点什么？你对未来的自己有哪些期许，希望自己5年后会成为什么样的人，达到什么样的状态？也许，当5年后你再次打开这封信时，会产生很多感慨！请放飞自己，给现在一个期许，给未来一个回忆。

要求：不少于1 000字。

____

____

____

____

____

____

____

____

____

____

____

____

____

____

第二节　明确高职特色　树立学业自信

【案例故事】能力，在实践中提升

闫伟，网络编辑专业毕业生，现就职于中国国际广播电台国际在线（CRI Online）网站。国际在线是由中国国际广播电台主办的中央重点新闻网站，旨在介绍中国的政治、经济、体育和文化等各个方面，主要提供国际化的新闻、文化、教育、军事、生活、时政、娱乐和经济类信息，闫伟现任国际在线首席摄影记者。

大学期间，闫伟一方面注重新闻采访与写作、新闻评论、数据新闻报道、摄影摄像等专业课的课堂学习，为今后工作积累扎实的理论功底；另一方面利用大量课余时间在实训机房苦练技能，将理论与应用软件的操作进行融合。大量训练使他能够娴熟使用PS、Fireworks、Dreamweaver、Flash、Premiere等软件，也能将PPT的各项功能展示得淋漓尽致。就连平常的日程规划，他都交给Google日历助手管理。娴熟的技能使他学习、工作和生活效率显著提高。

大学期间，除了提升专业能力，闫伟还通过积极承担学生干部工作，进一步强化自己的责任意识和担当意识，社会责任感不断增强。此外，他还经常参加各种社会实践活动和志愿服务、聆听社会各界知名人士的讲座、与知心老师探讨人生……这些不仅为他积累了丰富的经验，也为他顺畅走进社会打下了良好基础。

毕业实习阶段，闫伟来到了中国国际广播电台。不论是采编新闻还是后期制作，抑或是摄影、摄像、做专题片……他样样胸有成竹，业务做得认真到位，精益求精，受到领导的高度肯定。领导亲自和他谈话，希望他毕业后能留下来。闫伟顺利入职中国国际广播电台国际在线栏目，起初担任图片编辑，而后转职摄影记者至今。八年里，他参与报道过APCE会议、9·3阅兵、十九大、两会等大型活动。从2018年2月27日两会新闻中心正式“开张”，闫伟的朋友圈里已经记录下了他的2018年两会节奏。十三届全国人大一次会议新闻发布会、人大开幕式、记者会……作为中国国际广播电台一国际在线首席摄影记者，会议焦点在哪儿，工作地点就在哪儿。

闫伟的学习工作经历说明：认真学习，勇于实践才能锻炼出真本领。

问题：

1. 闫伟在工作中，都用到了哪些能力？这些能力是如何形成的？
2. 你认为进行了三年专业知识的学习后，应该形成哪些能力？应如何形成？

一、高等职业教育的性质与定位

我国的高等职业教育属于一种在理论研究层次方面低于本科、应用技能高于本科的教育层次，它是面向社会产业，培养应用型、技能型人才，具有为社会经济发展服务性质的教育。

高职教育是高等教育的重要组成部分，高职教育与普通高等本科、专科教育的定位不同。前者属于职业类教育，培养技术型、技能型人才；后者属于科研类教育，培养科研型、学术型人才。高职教育是相对于初等职业教育和中等职业教育而言的，是一种职业特征鲜明的高层次职业技术教育类型。

目标定位。高等职业技术教育的培养目标是培养面向生产、管理和服务第一线的德、智、体全面发展的，具有一定的文化基础知识与专业理论知识，具有较强的实践技能，适应市场经济建设和社会发展需要的高级应用型技术人才。同时，关注的焦点是尽可能地提高劳动者适应社会发展与技术变革的能力，满足社会对就业者越来越高的学历要求，为职业生涯的进一步发展提供一个坚实的平台。

职业定位。高职教育属于能力为本的教育，它是为学生进入现实和未来市场进行就业或创业准备的教育。面对就业市场的需求，其培养目标应锁定在就业有优势、创业有能力、继续教育有基础、发展有空间的位置上，其职业能力的培养应体现实用性、技能性和职业性。

能力定位。高职教育是对学生进行某种生产技能培训和管理的教育。它以就业为导向，以岗位群的需要为依据，来研究制订教学计划；按职业岗位、职业能力的要求来组织理论和实践教学；着眼于地方产业结构和产品结构的调整，选择教学内容与构建课程体系。这种体系必须打破学科型的教学模式，建立技术主导型的教学体系，培养具有实践技能、创业能力、创新精神的与市场经济相适应的高素质的劳动者。

【资料卡】

技能人才的分类定义

由劳动和社会保障部于2007年3月14日颁布的《关于印发高技能人才培养体系建设“十一五”规划纲要的通知》的附件中，对技能人才给出了明确定义：

1. 高技能人才：高技能人才是在生产、运输和服务等领域岗位一线的从业者中，具备精湛专业技能，关键环节发挥作用，能够解决生产操作难题的人员。主要包括技能劳动者中取得高级技工、技师和高级技师职业资格及相应职级的人员，可分为技术技能型、复合技能型、知识技能型三类人员。主要分布在一、二、三产业中技能含量较高的岗位上（《中华人民共和国职业分类大典》中第三至第六大类）。

2. 技术技能型人才：技术技能型人才是在企业生产加工一线中从事技术操作，具有较高技能水平，能够解决操作性难题的人员。主要分布在加工、制造、服务等职业领域。比如：高级钳工、中式烹调师等。

3. 复合技能型人才：复合技能型人才是在企业生产加工一线中掌握一门以上操作技能，能够在生产中从事多工种、多岗位的复杂劳动，解决生产操作难题的人员。比如：机电一体化人才，综合服务一体化人才，以及新兴的创意和操作一体化的人才等。

4. 知识技能型人才：知识技能型人才是既具备较高的专业理论知识水平，又具备较高的操作技能水平的人员。能够将所掌握的理论知识用于指导生产实践，创造性地开展工作。主要分布在高新技术产业和新兴职业领域。

二、高等职业教育的人才培养模式

1. 就业导向的专业结构体系

高职教育贯彻“以就业为导向”的方针，其专业设置紧贴区域经济与社会发展的需要，紧贴特定行业的职业岗位群的需要。专业建设以行业技术领域内的岗位群整合设立专业群，以岗位群所需知识、素质和关键能力的培养构建专业群公共技术平台；以特定就业岗位的需求灵活设立专业方向，据此构建准订单式专业教学体系。基于这种思路形成的专业结构体系，与传统的专业设置相比，具有明显的优势：专业群内共享公共技术平台（包括课程、师资、实训条件等），公共技术平台的教学内容相对稳定，有利于教学建设和规范管理；专业群内设置的专业方向，依据特定就业岗位的变化和市场需求而灵活设置，满足了企业对人才的即时需求。

2. 双证融通的课程体系

就业导向、工学结合的重点和难点在课程体系。从人才培养方案的设计上，根据技术领域和职业岗位（群）的任职要求，参照相关的职业资格标准，重构课程体系和教学内容，把岗位职业资格所要求的应知内容和应会技能融入教学过程中，使学生在取得毕业证书的同时获得岗位职业资格证书。课程建设过程中有两个重点环节：一是根据行业技术领域内的岗位群所需基本职业素质，构建专业群公共技术平台的知识和能力模块；根据特定就业岗位所需的专业知识与技能，构建专业方向的知识和能力模块。二是将岗位群内完成典型工作任务所需的关键知识和能力分解为单项（单元）知识和能力以及综合能力，并按实际培养的需要划分形成一组公共技术平台的核心课程和实训项目；按照同样的原理方法，形成各专业方向的岗位职业资格课程和技能综合实训。

3. 基于工作过程的系统化课程

工学结合的人才培养模式，强调的是学生校内学习与实际工作的一致性，探索课堂与实习实训地点的一体化。通过先进的职业理念和课程开发方法，结合典型的职业工作任务，以工作过程系统化为主线开发课程。结合新课程的开发，高职院校一般配套有教材和课程数字化资源建设，建立系统的工学结合的校本教材、知识点素材库和虚拟实训项目，建立利用课程数字化教学资源助教的资源利用共享平台，以及数字化的工作任务项目库。这些系统化、标准化的课程建设保证了人才培养的质量。

4. 校企合作的实训基地

实施工学结合的人才培养模式，生产性实训实习基地是不可或缺的关键因素。高职院校一般通过校企合作、校内校外结合两种方式来实现。校内生产性实训基地，就是校内的实训基地按工厂模式办，校内的工厂按实训基地办，给参加实训的学生一个真实的生产环境，让学生通过这样的实训，学到职业岗位需要的实际知识和技能。实际上，校内生产性实训基地就是一种教学工厂。满足各专业顶岗实习需求的校外实习基地是将教学实习基地与学生就业基地相互结合，建立学生顶岗实习、毕业设计与就业三位一体的实施运作机制。这种做法可有效提高高职生就业从业的竞争力，达到较高的就业率和就业质量。

5. “双师”结构的教学团队

工学结合人才培养模式需要“工学结合”的教师队伍。所谓“双师”结构的教学团队，不仅注重提高专业教师的“双师型”或“双师素质”的比例，更重要的是大量聘请行业企业的专业人才和能工巧匠到学校来担任兼职教师，逐步形成实践技能课程主要由具有相应高技能水平的兼职教师讲授的机制。这样，学校教学与生产实际始终保持着最紧密的联系，始终与前沿的技术与工艺保持着最迅速的对接和应用，使高职院校培养出来的人才能直接胜任岗位工作。[①]

6. 专业人才培养规范与课程质量标准

为保证高职人才培养质量，高职院校在人才培养规格与定位、专业设置、教学设计、过程控制、教学考核、质量评价以及其他教学建设诸方面，都有基本的制度规范；在各专业的核心课程中，建有反映教学文件制定、备课、授课、教学手段与教学方法、辅导、作

---

①“双师型”概念最早由工科类专科学校在实践中提出的。1990 年，上海冶金专业专科学校仪电系王义澄主任在《中国教育报》发表的《建设“双师型专科教师队伍”》一文介绍了上海冶金专科学校培养“双师型”教师的具体做法。

业、单元与单项能力训练、考核等课程教学各环节的课程质量标准。

三、专业与职业

1. 专业与职业的相互关系

（1）专业包容职业

在这种情况下，个人的职业发展一直在所学专业的领域内，选择的职业与学习的专业相吻合，能够做到学以致用。

（2）专业为核心，职业包容专业

是指以专业为核心发展职业，个人的职业发展以所学专业为核心，向外扩展。这种情况下，选择的职业与学习的专业虽然方向一致，但职业发展超出所学专业领域。

（3）专业与职业交叉

以专业为基础发展职业，个人的职业发展在所学专业基础上有重点地沿某一方向拓展，可以在学好本专业的基础上，同时辅修或自学自己规划要从事的其他专业课程。

（4）专业与职业分离

个人规划要从事的职业与所学专业基本无关，所学专业的某些方面在个人职业发展中有一定的重要性，但方向并不一致。

2. 专业与职业的对应关系

（1）一对一的关系

这种情况最为简单。一个专业方向对应一个职业目标，这种情况一般存在于中职学校或高职学院，培养目标相对单一明确。此类职业的技术含量相对比较高，也比较单一。这类专业和职业一般都适合专业技术人员。比如，数控机床专业学生毕业后最适合的也只是在企业中做数控机床的操作与维护人员，最后发展成为高级技师。

（2）一对多的关系

这类专业一般都存在于普通高校中，人们常说的宽口径、厚基础就是指这类专业。一个专业可以对应一个职业群，职业群一般由基本操作技能相通，工作内容、社会作用以及从业者所应该具备的素质接近的若干个职位所构成。职业群横向划分，是相同的职业存在于不同的产业或行业之中，如人力资源专业所对应的职业群广泛分布于国民经济的各个产业和行业之中。纵向划分，是同一职业存在于同一行业若干个不同的岗位及其可能晋升的职务上。例如，人力资源专业的职业发展路线为：人力资源助理→人力资源专员→人力资源主管→人力资源经理→人力资源总监。

3. 多对一的关系

就是多种专业都可以发展到某一种职业的形式。这类职业一般属于管理型人格的职业。比如高校教师、科研人员、新闻记者、编辑人员、营销主管、企业管理人员等。对于某一职业比如新闻记者，它可以接收经济学、新闻、中文、哲学、历史等许多专业的学生。

二维码链接 基础课程与职业的对应关系

体验活动

专业探索

对同学们而言，专业是每一位同学与大学的直接交叉点，不管这个专业是不是自己所选择的，也不管这个专业学习难度有多大，对于同学们来说，都应该珍惜专业学习的机会，选择你所爱的专业，爱你所选择的专业。

专业知识是同学们毕业后走上工作岗位时必需的基本技能，大学时代的专业知识和技能是就业之后知识与技能的基础。因此，同学们必须正视专业知识的学习，学好专业，打下扎实的专业基础。

你对自己所学专业了解多少？现在，试着填写到表 5-2 中吧。

表 5-2 专业探索记录

专业名称	
培养目标	
专业价值	
核心课程	
教学方法	
知识和技能	
相关专业	
近年就业状况	
近年升学状况	
对口行业状况	
可能适合职业	
学习资源渠道	
专业相关名校名师学习达人	

如果你对自己填写得还不满意，或对自己所学专业了解还不够深入，请马上去找自己的辅导员或班主任，去找师兄师姐，或找你熟悉的专业课老师聊聊吧。他们会帮你进一步认识本专业的价值，有助于你思考和明确自己未来的专业出路。

第三节　厘定发展方向　规划学业路径

【案例故事】心中有方向，脚下路自成

周雪，国际商务专业毕业生，现就职于北京某留学咨询服务中心。

入学伊始，周雪就规划好了大学期间要在政治思想、各学科专业学习、英语、计算机应用能力，以及校内外实践等方面所要达到的目标，并制订好了学习计划。

周雪在三年学习计划的基础上，制订了具体、详细的学期计划。根据学期计划确定每月要落实的学习计划，根据月计划确定每周要达成的学习目标，根据周计划分配每天要完成的学习任务。每周和每天的学习计划以学期课程表为依据，针对所有业余时间合理分配学习任务。周雪在实施这些计划时，既有条理又兼顾灵活。通过精细的目标设定与时间管理方法，她三年完成了在别人眼中几乎不可能实现的目标：(1) 学生党校初、高级班结业；(2) 学校年度"优秀团员"；(3) 学校年度"三好学生"；(4) 连续两年校级"一等奖学金"；(5) 通过大学英语六级、商务英语中级、华尔街英语高级考试；(6) 获得国际认证的 Microsofe Office Word、Excel、Powerpoint 证书；(7) 天津理工大学自学考试本科毕业并获得学士学位；(8) 学校"优秀毕业生"等。

毕业后，周雪如愿进入留学咨询服务中心工作，担任咨询助理。工作之初，她在心中淡化了自己在学校获得的所有成绩，以"空杯心态"在工作岗位上不断学习业务知识，并虚心向他人请教。遇到困难与挫折，她会用平和的心态去分析和解决问题，克服前进中的阻碍。在困境中历练自己的同时，她也在收获着经验，完善着自我。

周雪的经验：珍惜学校提供的良好学习机会与平台，规划好专业知识与技能的学习，锻炼自己的实践能力，成就自己的一番事业。

问题：

1. 周雪通过何种方法，完成了"别人眼中几乎不可能实现的目标"？
2. 你大学期间的目标有哪些，准备如何完成？

一、学业规划是大学生第一堂必修课

学业规划是做好职业生涯设计的前提和基础，同时也是它的组成部分，制定并实行良好的学业规划可以更好地迎接社会的挑战。

（一）有助于发掘自我，促成自我发展

一份有效的学业规划设计，包括自身条件和现实问题两方面，因此它能够引导大学生认识自身的个性特征、现有的和某些潜在的资源优势，帮助他们重新认识自身的价值并使

其持续增值，引导他们对自身的长处和短处以及综合素质进行对比分析，引导他们弄清个人目标与现状之间的距离，引导他们学会如何应用科学有效的方法、采取切实可行的步骤，不断增强自己的专业竞争力，从而实现自己最初的梦想。

马斯洛的五层次需求理论指出：高层次的认识需求能否实现，很大程度上依赖于自己职业生涯的进展状况，而一个科学可行的职业生涯又是以一个良好的学业规划为前提和基础的。现代著名文学家刘英曾说过这么一句话：“人生最可怕的不是疾病、贫穷、死亡，而是自己拥有很多的剩余时间而不能过有价值的生活。”

因此，大学生都应该是自己人生、学习、事业的规划者和耕耘者，设计自己的发展蓝图。为实现自身价值准备、创造、抓住机会，从而使自己成功的可能性更大，效果更好。

（二）有助于促使大学生集中精力、提高热情，增强青年大学生的主动性

如果大学生没有自己的学业规划，大学生的时间、精力就会处于荒废和散乱之中，很容易进入与学业无关的琐事中，虚度美好光阴。相反，拥有自己学业规划的学生能够合理调节自己的日常学习，自己做的每一点都是实现未来目标的一部分。学业规划使得大学生心中的理想具体化，更容易实现，对学业的顺利完成做到心中有数，热情高涨。也使得他们心中学习意识的转变，从“要我学”变为“我要学”，变被动为主动，增强青年学生的主动性。

（三）有助于当代大学生的自我定位，尽早明确自我人生目标

学业规划的前提是认识自我，只有认识自我、了解自我，才能有针对性地明确学业方向，而不盲目化。认识自我是对自我深层次的解剖，了解自己能力的大小，明确自己的优势和劣势，根据过去的经验、经历，选择未来可能的工作方向，从而解决“我想干什么”和“我能干什么”的问题。自我定位是学业规划乃至人生规划和行动得以成功的基本依据，正所谓“知己知彼，百战不殆”。

二、以“就业”为目标的学业规划

（一）一般就业

酒店管理系的王某某同学毕业后，直接去了杭州一家著名酒店工作，发展很好，而她的一位好朋友选择了继续升学，考取了本科。就业 3 年后，她的朋友学业完成，也想进这家酒店工作，人事经理还专门来听取她的意见。

一般说来，高职生就业先入为主，毕业后就工作，意味着比别人更早进入社会，拥有更多的机会。

（二）订单就业

订单就业，是指高职院校以国家和地方经济主导产业的发展为引领，以社会需求为导向，通过“校企融合、学工一体”的人才培养模式，与企业合作开展“订单式”培养，学生毕业后直接进入合作培养的企业就业。

（三）基层就业

基层就业，主要包括三支一扶、大学生到村任职、高校专业士官选拔、大学生志愿服务西部计划等。

【小故事】

小孙是某高职院校建筑专业2006届毕业生，大学期间各方面表现优异。在全国大力开展大学生“三支一扶”工作计划之后，通过跟家人的深入讨论与分析，小孙决定暂时放弃建筑行业，参加了“三支一扶”计划。他被分配到了某地乡政府任党政办秘书，虽然，月薪只有600元，但小孙在政府工作岗位上重新找到了实现个人价值的机会。这种价值归属感使他很快进入角色，逐步得到了领导、同事的认可，并于2008年被评为“优秀中共党员”。

高校毕业生在城市就业可以成才、创业，到农村工作也可以成才、创业。“三支一扶”计划引导高校毕业生到农村就业，优化了人才资源配置，为高校毕业生开拓出一块成才创业的新空间。

从农村中来，到基层中去，成为高职毕业生的时代选择，也符合国家大力倡导的新的就业思路，国家也出台相关优惠政策，鼓励高职毕业生到农村当村官，为高职毕业生搭建了一个更大的施展才华的舞台。

高职毕业生就业还有很多途径，其中，应征入伍也是不错的选择。根据相关政策规定，高校毕业生应征入伍服义务兵役由政府返还相应学费，代偿助学贷款，具有高职（高专）学历的，退役后免试入读成人本科，或经一定考核，入读普通本科。国家政策规定：“国家对每名应征入伍服兵役的高校毕业生每学年补偿学费或代偿国家助学贷款本息，年限按照毕业生所读专业的国家规定的相应学制计算；高校毕业生应征入伍服兵役享有优先报名应征、优先体检政审、优先审批定兵、优先安排使用的优惠政策。”

另外，有越来越多的学生选择去广阔的西部，施展自己的才华。选择了基层，就意味着选择了困难、选择了艰苦、选择了挑战。这是时代和人民赋予的重托，是自己服务家乡、贡献社会的好机会，更是自己实现人生价值的一个大舞台。

三、以“继续深造”为目标的学业规划

每年“专升本”考试，都引来众多专科生及其家长的高度关注。不少专科生说：“专科生找工作不容易，升本后拿个本科文凭，求职更自信!”随着高校扩招，就业压力越来越大，选择升学既可以解决就业压力，多一块敲门砖，又可以重新选择自己所喜欢的专业，也为改变未来就业方向提供了一个机会。

其实，很多同学选择升学，还是因“好学生就得升学”的旧观念在起作用。现在社会上在职深造的机会越来越多，工作后再充电也未尝不可，特别是对于家庭经济比较困难的学生来说，就业比升学更划算。

【政策解读】

什么是专升本?

中国高等专科学生升本科考试：简称专升本，是中国教育体制专科层次学生升本科学校或者专业继续学习的考试制度。这一考试在大多数有专升本教学系统的高等教育学校举行，一般每年举行一次。

首先，参加考试必须具有专科学历，在读和专科毕业的考生才可以参加专升本考试的报名及考试，考试分数及其他身份考察通过后可进入本科学校继续学习。

四种专升本考试类型、录取难度、毕业难度和文凭含金量对比如下表：

表 5-3 专升本考试类型

考试类型	录取难度	毕业难度	文凭含金量
成考专升本	全国统一入学考试，但考试相对容易，录取率较高	录取后学习较容易，一般都可获取毕业证，目前已有不少成人学校开始实行注册入学，不用考试。	毕业证盖所学习高校章，证书上显示“成人教育脱产或函授”字样，国家承认学历。在同等情况下，社会认可度低于普高本科和自考本科。
远程教育专升本	只要具有国民教育专科学历都可入学，较为简单	要求必须通过教育部规定的英语和计算机基础统考才能毕业，但获取学位较为容易。	毕业证盖所学习高校章，证书上显示“网络教育”字样，国家承认，电子注册。在同等情况下，社会认可度低于普高本科和自考本科。
自考专升本	全国统一考试，难度较大	主要依靠自学，无论考试课、实践课，还是毕业论文，只要有一样不及格，就拿不到毕业证。	全国统考，毕业证盖主考大学章和省自考委的章，国家承认，在工资、人事待遇、考研究生、考证、考公务员、出国留学、职称评定以及其他方面与普通本科具有同等效力。
专升本	考试录取难度大	只要考上，获取本科毕业证和学士学位证较容易	享受与该本科学校学生一样的待遇，毕业证和普通本科生略有差异，即专科起点，修完两年制本科和高中起点的修完四年制本科的差异。毕业证含金量最高。

二维码链接　学业规划开启我的留学之旅

四、以“创业”为目标的学业规划

当前，我国正处于创业经济的活跃期。越来越多的高职院校大学毕业生加入自主创业的大军中，成为创业洪流中的亮点。创业不是一个被动的“等、靠、要”的过程，而是主动地自我雇用的过程，它已成为有愿望、有条件、有能力的青年人主动就业的积极选择。

大学生有人生追求的激情和梦想，然而理想和现实却总是存在着相当的差距，真正的创业之路必然是充满艰辛和曲折的。自主创业，不同于一般意义上的就业，创业是有风险的。但是，创业是主动的，就业则是被动的。年轻人开创的事业能否真正生存下去，并得到稳定经营和有效发展，是人们所关注的焦点。良好的心理素质、必备的专业知识技能和相应的经营管理知识，以及坚忍不拔和勇于奋斗的精神，是创业的首要条件。

（一）了解创业意愿

在创业开始之前，大学生需要评估自己的优势和劣势，看看自己是否具备创业的素质和能力。大学生可通过认真思考和回答以下问题，来初步判断自己是否有创业的基本素质和能力：

1. 你适合创业吗？作为创业者或者小企业的领导者，在如何拓展业务、如何定位市场、如何管理财务和员工等各个细节方面，经常需要做出决定，而这些决定是在压力环境下要求你迅速独立完成的。创业需要热情、需要理念，更重要的还需要你的能力。你的策划和组织能力如何？你的团队组建和管理能力如何？你的决策和综合管理能力如何？你的创业风险（资金风险、竞争风险、团队分歧风险、核心竞争力缺乏风险等）规避能力如何？

2. 你能长时间保持创业激情吗？运营一个企业有时能耗尽你的意志。尽管有些创业者感觉自己被肩上的责任重担压垮了，但是强烈的创业激情和坚强的意志，却能够使其企业成功，并且在遇到经济衰退等困难的时候帮助他顽强地生存下来。因此，检查你选择自主创业道路的原因，确认这些原因在今后创业的道路上无论碰到什么困难，都将激励你勇敢地坚持下去。至少你的创业冲动能够强到使你长时间保持创业的激情。认真检查你个人拥有的技能、经验和意志。因为有可能在相当长的一段时间内，企业的业务没有进展，有可能会出现与员工发生思想激烈碰撞的现象，不理解你、不支持你的现象也可能会经常发生，这将会使你感到郁闷、孤独，你准备如何承受？你承受得了吗？

3. 你的身体和精神状态适合创业吗？创业过程充满挑战，意味着长期而艰苦工作的开始。同时，创业也意味着创业者需要更加努力、自觉地工作，将失去很多休息时间。身体健康是承受创业高强度体力和精神压力的前提，你的身体健康状况是否允许你从事这样的工作？因为在创业过程中，有时会令人非常兴奋和愉快，有时会给人带来烦恼和颓丧，你有没有这样的心理准备？

4. 你的家庭支持你创业吗？和谐稳定的家庭是事业成功的基础，创业之初对你的家庭生活影响很大，能否获得你的家庭支持也很重要，你确信你的家庭会支持你吗？

5. 你准备承受创业初期的风险了吗？创业始终伴随着风险。在确定了创业目标后，创业者接下来要问的问题是：创业的风险有哪些？我创业最坏的结果是什么？我能否接受？我能否从坏结果中走出来？

（二）明确创业决策

对于大学生来说，选择就业还是创业，关系到自己一生的职业起点问题。希望获得最理想的职业发展状态，就需要认真地对自己进行完全剖析，知道自己真正希望得到什么，达到何种状态。

做出创业的决策应遵循几个原则：（1）择世所需，选择真正有市场需求、真正有社会价值的创业项目；（2）择己所爱，要结合自己的性格、兴趣、价值观来进行决策，创业应该是自己真正感兴趣和乐于选择的，而不应是被逼的无奈之举，创业的决策应与自己职业生涯的愿景相一致；（3）择己所能，决策时要考虑自己的能力素质是否能胜任，以及创业的现实可操作性；（4）择己所利，创业决策应能给自己带来较为丰厚的物质或精神回报。

创业有风险，大学生在进行创业的决策时，一定要经过科学、客观的分析和思考。在创业之前问自己的问题越多，做出的决策越理性；有明确答案而且思路清晰的方法越多，创业的成功概率就越高。

（三）提升创业能力

1. 刻苦学习创业知识

知识可以促进能力的发展。任何能力的形成和提高都是在掌握和运用知识的过程中完善的，创业能力也不例外。在学习创业知识的过程中，认真思考，吸取前人的经验，同时也锻炼了自己综合分析问题的能力。“知识就是力量”，要使知识变成力量，一定要有能力。不能死读书，读死书，成为书呆子。要学会将学习、思考、实践综合起来，经过自己的消化，吸收转化为运用知识的手段和本领，进而为创业能力的形成和提高打下坚实的基础。

首先，课堂、图书馆和社团是获得创业知识的一个重要途径。通过课堂学习能拥有一门过硬的专业知识，在创业过程中将受益无穷。图书馆通常能找到创业方面的报刊和图书，广泛阅读能增加对创业市场的认识。大学社团活动能锻炼各种综合能力，这是积累经验必不可少的实践过程。其次，纸媒体和网络媒体也是一个很好的途径。通过阅读和浏览能了解更加丰富的创业知识。最后，注意培养良好的社会意识，主要包括与人协调合作、集体工作的意识和强烈的社会责任感以及竞争意识、环境意识、质量意识、品牌意识、安全意识等，这是提高创业素质的极其重要的社会基础。

2. 加强社会实践

创业能力的形成和提高必须在创业实践中才能实现。创业者，应根据自身条件和专业特点，在培养自己强烈的创业意识、创业精神、认真学习创业知识的基础上，积极参与创业实践活动，提升创业能力。

利用空闲时间进行尝试性、见习性的实践活动。可以和家人、朋友或同学合伙，也可独立投入一点小资本进行经营活动；参与家庭或他人的创业活动；到公司实习等。

模拟实践。可以参加创业实践情景模拟，进行有关创业活动的情境体验。如招应聘雇员的面试、产品推销等。

利用实习期间进行创业实践训练。进入创业启动阶段后，可以单独或与同学轮流租赁或承包一个小店铺，或加工、修理、销售、服务等，在真刀真枪的创业实践中提高自己的创业能力。

3. 向专家或行家咨询

大千世界，藏龙卧虎。有些能人身怀绝技，能讲出常人所没有认识到的道理，能解决常人所不能解决的问题。商业活动是无处不在的，在生活的周围与有创业经验的亲戚、朋友、同学、老师交流。在他们那里，将得到最直接的创业技巧与经验。大学生创业者亦可考虑还可以通过 Email 和电话等方式拜访崇拜的专家或行家，或咨询与创业项目有密切联系的商业团体，如果采取认真谦逊的态度，总能得到他们的帮助。

二维码链接 学业规划实现我的创业理想

体验活动

澄清学业方向与目标

请拿出笔，准备写下你未来学业的整体设计，或者你的学业理想与目标。

注意，不必考虑这些理想目标该用什么方式去实现，先尽量写，不要做任何限制，可能关于你未来的工作、家庭、交友、情绪、健康、生活等，涵盖越广越好。

下面是大学目标规划九宫格，供参考。

学习	专业	人际交往
情感	身心健康	休闲
自我成长	社会工作	兼职工作

图 5-1 大学目标规划九宫格

现在，审视你写下的上述目标或心愿，来思考预期达成的时限。6 个月？1 年？2 年？5 年？10 年？如果你的目标有达成的时限，对你将会大有帮助，可能有些目标你希望一蹴而就，而有些却遥遥无期。如果你的目标多为近程的，那你就把眼光放得远些，找出一些潜在有可能的目标，如果你的目标多为远程的，那你也得建立一些阶段性的目标。

选出在这一年里对你最重要的四个目标，从你所列的目标中选出你最愿意投入、最能令你满足的四件事，并把他们记录下来。

然后明确、扼要、肯定地写下你实现他们的真正理由，告诉你自己能实现这些目标的把握和他们对你的重要性。人生中，我们常想要一些东西，但实际上只是对他们有兴趣而已，却从没有下定决心要得到他们，结果我们依然两手空空，这就是有兴趣与有决心的区别。如果你做事知道如何找出充分的理由，那你就无所不能了，因为追求目标的动机远比目标更能激励我们。

核对你所列的四个目标，你对这些目标是否有肯定的期望？对预期结果有什么感觉？如果你达成这些目标，带来的结果是否对你及社会有利？

现在请写下，如果你要实现这些目标，应该具备什么样的条件或资源，包括人脉、财物、专业背景、知识能力等。指出你已经具备或拥有哪些资源条件。

针对你的四个重要目标，问问自己，我第一步应该如何做？要实现该目标，需要哪些必要的步骤？目前有什么因素妨碍我前进？我该如何改变自己？包括你每一天应该做什么。

祝你能尽早确定人生的方向和目标，规划好自己的大学生活与学业！

实践拓展

完成学业规划评估与反馈

表 5-4　学业规划评估与反馈

<table>
<tr><td rowspan="3">第1学期</td><td colspan="4">专业知识和技能发展规划</td><td colspan="6">个人特长及素质发展规划</td><td colspan="2">兴趣爱好发展规划</td><td colspan="3">综合素质拓展规划</td></tr>
<tr><td>课程成绩计划</td><td>获奖学金计划</td><td>专业素质拓展计划</td><td>其他方面发展计划</td><td>文娱特长发展计划</td><td>体育特长发展计划</td><td>计算机特长发展计划</td><td>思想政治素质发展计划</td><td>心理健康发展计划</td><td>其他方面发展计划</td><td>读书计划</td><td>其他计划</td><td>技能认证考试计划</td><td>组织能力发展计划</td><td>社会活动计划</td></tr>
<tr><td>必修课、限选课、任选课等的成绩；英语、计算机等的等级考试</td><td>综合测评奖学金以及其他各类奖学金</td><td>与专业相关的知识、素质、技能发展</td><td>如发表专业论文、参加专业竞赛等</td><td>音乐、舞蹈曲艺、美术设计等方面</td><td>体育运动、比赛等方面</td><td>计算机软硬件的学习、利用、活动等</td><td>积极争取参加各级党校培训等</td><td>健康积极的心理素质等</td><td>如演讲、辩论等</td><td>阅读课外书籍，提高知识面和个人修养</td><td>其他</td><td>考取与所学专业相关或跨专业的技能认证证书</td><td>担任学生干部参与班级管理，组织大型活动等</td><td>青年志愿者服务、社会实践、爱心奉献、专业实习等</td></tr>
<tr><td>规划内容</td><td colspan="4"></td><td colspan="6"></td><td colspan="2"></td><td colspan="3"></td></tr>
<tr><td>完成情况</td><td colspan="4"></td><td colspan="6"></td><td colspan="2"></td><td colspan="3"></td></tr>
<tr><td>总结分析</td><td colspan="4"></td><td colspan="6"></td><td colspan="2"></td><td colspan="3"></td></tr>
<tr><td>后续规划修正</td><td colspan="4"></td><td colspan="6"></td><td colspan="2"></td><td colspan="3"></td></tr>
</table>

专家视角

一、大一新生我想对你说

大一，这个无数高中生仰望的未来，无数大学毕业生们再也回不去的曾经，朝气蓬勃，犹如一张白纸，充满了无限的可塑性与创造性。你用了长久的光阴来到这里，领略象牙塔的无尽美好，也踏上新的征途。

亲爱的你，请把握好，那些可以让自己变得更好的时光。

1. 深入了解自己的专业

你选择了一个专业，同时也选择了专门的一脉人类文明、一种独特的思考方式。

诚然，专业学习与择业不相干的情况不少，但假使你热爱并最终将投身于你的专业对口行业，你应该至少能用最切中要点的话向其他专业的人描述你专业的性质、研究模式、思维特点。

多与老师学长学姐交流，当有无数裨益。

2. 早点开始做职业规划

大学教育与高中不同，没有既定的框架，也没有全班同学一致的步伐。因此，如果你还像以前一样随波逐流，只是被动地上课下课作业考试，最后往往会茫然若失，收获甚微。

趁着还来得及，早点问自己“我将来想做什么”“怎样实现我的目标”，开始为你理想的职业锻炼技能、积累知识和经验吧，要知道，有太多人都在毕业时面对茫茫职海，才后悔自己当初无所作为。

3. 练就一项立足社会的技能

面向社会，练就一项技能，并不是教你功利，而是让你更好地适应这个纷繁复杂的快节奏社会。大学几年，绝大多数人最后最终将走向社会。

这时企业、单位向你要求的绝不仅仅是学分，而更多是你身上能够发挥作用的社交、专业、技术本领。所以，如果你还有时间，请花点时间让自己拥有一个让单位雇用你的理由。

4. 主动加入一些社团参与活动

大学之所以被称为小社会，更多是体现在学生会、学生社团组织工作的人情交际中。你要用自己的双眼，去真切地阅读如何能协社团之力完成一个项目、一个晚会、一次比赛。

在这些小集体中，你能最快地认清自己的特点、位置，你或许会提前意识到自己的致命缺点，从而更好地成长起来；同时，你会收获那些共同拼搏努力的人的友谊。

5. 多到图书馆内，静心读书

你应该至少有一次沉浸在书里。图书馆是人类文明精华的储存池，她就在那里等你，那些神奇的书就等你翻开。只要你走进去，只要你翻开那些书籍，一个浓缩着智慧和思想的世界将向你敞开大门。

打开一本书，从晨露微曦，到灯火阑珊，合上书本时，你的人生可能已经不同。

6. 多和父母交流

如今我对自己故乡，像匆匆来往的过客。往日里和家人天天见面已经变成一种奢望，我们甚至也会忘记一周打一次电话。

有学长说：在大学里觉得离家远了很自由，而工作后，连寒暑假都没有了。

将来我们都会成立自己的小家庭，越来越少机会看看老爸老妈，越来越少机会听到老妈唠叨、陪老爸喝酒。我们几乎忘了，相比你想父母而言，他们更想你。当他们老了，走不动了，谁来疼他们，爱他们？

7. 坚持运动，锻炼身体

进入大学以后，瞬间感觉自己自由了。没有早自习逼你早起，没有父母在身边唠叨，可以一觉睡到中午，也可以宅在寝室几天不出门。于是，经年累月，你从当年那个身手矫健的少年/少女，宅成了一个带着游泳圈的胖纸……

但你要知道，身体健康是不应该由别人督促的，在天气好的早晨或傍晚，加入操场长跑的大军吧，或许你就会醒悟自己该好好运动运动了。

8. 与室友推心置腹地谈谈

在家靠父母，出门靠朋友。大学期间与你相处最长的人恐怕要数室友了。如果你愿意敞开心扉，室友可能胜似姐妹、兄弟。如果你愿意，室友很可能是一辈子的朋友。

未来的世界各地，你们天各一方，却肝胆相照，你们遥遥相隔，却紧紧相依。珍惜大学期间的室友甚至每一个出现在你生命中的人，不要给自己的青春留下遗憾。

大学，是场没有彩排的舞台剧，散场时，每个演员都有遗憾。有人说，大学几年，若能一技傍身、兴趣广泛、爱人入怀、知音两三、四六过关、体格强健，则毕业无憾。

愿你们春华秋实，终有所获；平湖烟雨，象牙无悔。[①]

二、花十万元学费买到的十二句话

1. 哪里有什么快速成长

有很多人问我，你怎么能让公众号在四个半月的时间得到10万粉丝的？有什么特别牛的秘籍吗？说实话，如果你想要快速成名，快速成长，那么我要告诉你：你在做白日梦。

2. 要往人少的地方走

在任何时代，你要想脱颖而出，一定要思考三个字：差异化。如果这件事，大家都在干，干的人特别多，那么你要脱颖而出，你要付出的成本将会是非常非常大的。

---

①华子雄．大学决定命运．吉林大学出版社，2010.

我们每个人都是独一无二的，我们每个人都是独一无二的，我们每个人都是独一无二的，一定要想清楚这个差异化的问题。

3. 模仿是一件极好的事情

我们学东西，第一步就应该是去模仿。

因为一开始，你并不知道到底我们该怎么做，正确的道路是什么样的，因此你只能选一个你觉得还不错的样本，去模仿他。

模仿的话，可以避免自己少走弯路，但是千万不要忘了，一定要加入自己的特色。

4. 舍得花钱投资自己

参加培训有两个好处，一是确实能学到东西提升自己，二是能够打开自己的人脉圈子，开拓自己的视野。如果年轻的时候不好好学，可能年纪大点了，第一，时间精力不够。第二，可能有点迟了。

我们身边有很多朋友，他们舍得花钱去买一个苹果手机，舍得花钱买一件贵的衣服，但是就是不舍得花钱去学习提升自己。很多花费是没有必要的，你稍微省一点，省下来的钱就可以拿去买书，或者是参加一个能够买得起的网络课程。

5. 打造好自己的屠龙宝刀

屠龙宝刀是什么意思呢？就是核心竞争力。只有有了这样的屠龙宝刀，我们行走江湖的时候就不会怕，我们才会有行走江湖的底气。

我们每个人都要打造好自己的那把屠龙宝刀，当你有了自己的核心技能以后再去做别的事情，第一，你会更加自信，底气十足。第二，到一个圈子以后，就有自己的交换价值，不要到一个圈子仅仅是和别人去混，当别人问你能干吗，你支支吾吾地回答不上来，那你去这个圈子只能去混没有太多实际意义。

6. 好的方法都是简单的

练功夫的时候，有很多人可能喜欢追求套路，哗哗打得特别好看。但有些人就简简单单地练一到两招，比如右手直拳特别有力，比如侧踹腿特别狠特别准。

那么前者和后者一对抗，如果他们俩训练的时间一样，身体素质也差不多，那么肯定后者占很大优势。

所以，如果别人介绍一种特别复杂的方法，还是不要相信了。咱们这些普通人坚持不下去的。

7. 感恩＋实力才是沟通神技

在实力还不是很行的时候，只有通过感恩，通过表现出自己的诚意来打动对方。我们每个人即使再弱小，我们也有自己独特的价值。

这个社会是很残酷的，如果实力不够强，有时候再懂得感恩，再有诚意，别人也不会理你。在成年人的世界里，价值交换是非常重要的法则。

8. 视野太窄的人是没有未来的

人活着，最怕你坐井观天却又乐在其中。

很多时候并不是你不能，而是你不知道。

如果你视野太窄，很多可能性不知道，而且对自己不会有太高的期待，如果视野打开，你对自己的期待会更高，而且你会知道很多的路径。

9. 分享是打造个人品牌的康庄大道

互联网时代是分享的时代，我们每个人都有可以分享的东西，如果分享的东西得到很好的传播，那么你的个人品牌就出来了。要以分享的心态打开自己的路子。

10. 没有数量的累积哪来质量的突破

比方说，要提升自己的写作能力，别指望上写作课，参加写作培训，看几本写作的方法类书籍就能写出很好的作品，只有去写写写，十篇不行写一百篇，写多了自然就熟练了。

咱们普通人要想干得过别人，能做的就是比别人更拼，干的比别人更多。

11. 赶紧上路不要等待

有很多人有这样的习惯，他觉得做事一定要什么都准备好了再去做，其实这是不可能的，任何准备都不可能完美，而且你根本不知道准备的东西够不够、对不对。

你只有真正地去做了，才能发现现实中到底需要什么，我们需要准备什么东西，提升哪方面能力，对接什么资源。很多时候我们就是在等待和准备中，让自己把当初的热情磨没了，然后就不了了之，不干了。很多时候，我们一直在等待，机会成了别人的。

我们永远都不可能做好准备，我们能做的是现在马上出发，在路上才知道能看到什么风景，遇到什么人，需要做什么，在路上才能得到真正的提升。

有想法就去做，不要等。

12. 不去做，皆成空

大多数人都是思想的巨人，行动上的矮子。想得太多，做得太少。你的想法只是想法，只有真正的一步一个脚印去做才能真正拥有满满的收获。

（引自：http：//learning. sohu. com/20160528/n451913381. shtml，有删改）

三、洛克菲勒给儿子的信：现在就去做

亲爱的约翰：

我一直相信，机会是靠行动得来的。再好的构想都有缺陷，即使是很普通的计划，但如果确实执行并且继续发展，都会比半途而废的好计划要好得多，因为前者会贯彻始终，后者却前功尽弃。所以我说，成功没有秘诀，要在人生中取得正面结果，有过人的聪明智慧、特别的才艺当然好，没有也无可厚非，只要肯积极行动，你就会越来越接近成功。

遗憾的是，很多人并没有汲取这个最大的教训，结果将自己沦为了平庸之辈。看看那些庸庸碌碌的普通人，你就会发现，他们都在被动地活着，他们说的远比做的多，甚至只说不做。但他们几乎个个都是找借口的行家，他们会找各种借口来拖延，直到最后他们证明这件事不应该、没有能力去做或已经来不及了为止。

…………

人们用来判断你的能力的真正基础，不是你脑子里装了多少东西，而是你的行动。人们都信任脚踏实地的人，他们都会想：这个人敢说敢做，一定知道怎么做最好。我还没听过有人因为没有打扰别人、没有采取行动或要等别人下令才做事而受到赞扬的。那些在工商界、政府、军队中的领袖，都是很能干又肯干的人、百分之百主动的人。那些站在场外袖手旁观的人永远当不成领导人物。

要有现在就做的习惯，最重要的是要有积极主动的精神，戒除精神散漫的习惯，要决心做个主动的人，要勇于做事，不要等到万事俱备以后才去做，永远没有绝对完美的事。培养行动的习惯，不需要特殊的聪明智慧或专门的技巧，只需要努力耕耘，让好习惯在生活中开花结果即可。

儿子，人生就是一场伟大的战役，为了胜利，你需要行动，再行动，永远行动！这样，你的安全就能得到保障。

爱你的父亲

（引自：http：//www. cz88. net/lizhi/wenzhang/284784. html，有删改）

网上精品视频课程

学业生涯规划

附　　录

一、职业能力测试

下面的测验包括九个最基本的能力的简易量表，每种能力倾向都有四道题目。测验时，请你仔细阅读每一道题，并采用五星评分法对自己进行判定。

职业能力测试表

（一）一般学习能力倾向（G）	强 1	较强 2	一般 3	较弱 4	弱 5
1. 快而容易地学习新内容					
2. 快而正确地解数学题					
3. 你的学习成绩					
4. 对课文的字、词、段落篇章的理解、分析和综合能力					
5. 对学习过的知识的记忆能力					
（二）言语能力倾向（V）	强 1	较强 2	一般 3	较弱 4	弱 5
1. 善于表达自己的观点					
2. 阅读速度和理解能力					
3. 掌握词汇量的程度					
4. 你的语文成绩					
5. 你的文学创作能力					
（三）算术能力倾向（N）	强 1	较强 2	一般 3	较弱 4	弱 5
1. 做出精确的测量					
2. 笔算能力					
3. 口算能力					
4. 打算盘					
5. 你的数学成绩					
（四）空间判断能力倾向（S）	强 1	较强 2	一般 3	较弱 4	弱 5
1. 解决立体几何方面的习题					
2. 画二维度的立体圆形					
3. 看几何图形的立体感					
4. 想象盒子展开后的平面图					
5. 想象三维度的物体					

续表

（五）形态知觉能力倾向（P）	强 1	较强 2	一般 3	较弱 4	弱 5
1. 发现相同图形中的细微差别					
2. 识别物体的形状差异					
3. 注意物体的细节部分					
4. 观察物体的图案是否正确					
5. 对物体的细微描述					
（六）书写知觉能力倾向（Q）	强 1	较强 2	一般 3	较弱 4	弱 5
1. 快而准地抄写资料（如姓名、日期、电话号码等）					
2. 发现错别字					
3. 发现计算错误					
4. 能很快查找编码卡片					
5. 自我控制能力（如较长时间抄写资料）					
（七）眼手运动协调能力倾向（K）	强 1	较强 2	一般 3	较弱 4	弱 5
1. 玩电子游戏					
2. 打篮球、排球、足球一类活动					
3. 打乒乓球、羽毛球运动					
4. 打算盘能力					
5. 打字能力					
（八）手指灵巧度（F）	强 1	较强 2	一般 3	较弱 4	弱 5
1. 灵巧地使用很小的工具					
2. 穿针眼、编织等使用手指的活动					
3. 用手做一件小工艺品					
4. 使用计算器的灵巧程度					
5. 弹琴					
（九）手腕灵巧度（M）	强 1	较强 2	一般 3	较弱 4	弱 5
1. 用手把东西分类					
2. 在推拉东西时手的灵活度					
3. 很快地削水果					
4. 灵活地使用手工工具					
5. 在绘画、雕刻等手工活动中的灵活性					

记分方法：选“强”得 5 分，选“较强”得 4 分，选“一般”得 3 分，选“较弱”得 2 分，选“弱”得 1 分。计算每一类能力的自评等级：自评等级＝总分÷4：最后，将自评

等级填入下表中：

职业能力倾向	自评等级	职业能力倾向	自评等级
G		Q	
V		K	
N		F	
S		M	
P			

根据结果对照下表，可找到你适合的职业：

职业类型	职业能力倾向								
	G	V	N	S	P	Q	K	F	M
生物学家	1	1	1	2	2	3	3	2	3
物理科学技术员	2	3	3	3	2	3	3	3	3
数学家和统计学家	1	1	1	3	3	2	4	4	4
系统分析和计算机程序编制者	2	2	2	2	3	3	4	4	4
经济学家	1	1	1	4	4	2	4	4	4
社会学家、人类学者	1	1	2	2	2	3	4	4	4
心理学家	1	1	3	4	4	3	4	4	4
历史学家	1	1	4	3	3	3	4	4	4
哲学家	1	1	3	2	2	3	4	4	4
政治学家	1	1	3	4	4	3	4	4	4
社会工作者	2	2	3	4	4	3	4	4	4
法官	1	1	3	4	3	3	4	4	4
律师	1	1	3	4	3	4	4	4	4
职业指导者	2	2	3	4	4	3	4	4	4
大学教师	1	1	3	3	2	3	4	4	4
中学教师	2	2	3	4	3	3	4	4	4
小学和幼儿园教师	2	2	3	3	3	3	3	3	3
营养学家	2	2	2	3	3	3	4	4	4
画家、雕刻家	2	3	4	2	2	5	2	1	2
产品设计和内部装饰者	2	2	3	2	2	4	2	2	3
舞蹈家	2	2	4	3	4	4	4	4	4

续表

职业类型	职业能力倾向								
	G	V	N	S	P	Q	K	F	M
演员	2	2	3	4	4	3	4	4	4
电台播音员	2	2	3	2	2	4	2	2	3
作家和编辑	2	1	3	3	3	3	4	4	4
翻译人员	2	1	4	4	4	3	4	4	4
体育教练	2	2	2	4	4	3	4	4	4
体育运动员	3	3	4	2	3	4	2	2	2
秘书	3	3	3	4	3	2	3	3	3
统计员	3	3	2	4	3	2	3	3	4
一般办公室职员	3	4	3	4	4	3	3	4	4
商业经营管理	2	2	3	4	4	3	4	4	4
警察	3	3	3	4	3	3	3	4	3
导游	3	3	4	3	3	5	3	3	3
驾驶员	3	3	3	3	3	3	3	4	3

二、MBTI 性格类型测评

性格是人们建立在自己体内的独立王国，作为这个王国的唯一主人，每个人都有责任了解其王国的独特性在什么地方。大学生可以通过以下测评的方法来探讨自己的性格类型。

1. 测评说明

（1）请在心态平和及时间充足的情况下才开始答题。

（2）每道题目均有两个答案：A 和 B。请仔细阅读题目，按照与你性格相符的程度分别给 A 和 B 赋予一个分数，并使一组中的两个分数之和为 5。最后，请在问卷后相应的方格内填上相应的分数。

（3）请注意，题目的答案无对错之分，你不需要考虑哪个答案应该更好，而且不要在任何问题上思考太久，而是应该凭你心里的第一反应做出选择。

（4）如果你觉得在不同的情境里，两个答案或许都能反映你的倾向，请选择一个对于你的行为方式来说最自然、最顺畅和最从容的答案。

例子：“你参与社交聚会时”

A. 总是能认识新朋友。(4)

B. 只跟几个亲密挚友待在一起。(1)

很明显，你参与社交聚会时有时能认识新朋友，有时又会只跟几个亲密挚友待在一起，在以上的例子中，我们给总是能认识新朋友打了 4 分，而给只跟几个亲密挚友待在一起打了 1 分。当然，在你看来，也可能是 3+2 或者 5+0，也可以是其他的组合。

请在以下范围内一一对应地选择你对以下项目的赋值：

最小————————————————————————最大

0　　　　1　　　　2　　　　3　　　　4　　　　5

2. 测评题目

(1) 当你遇到新朋友时，你

A. 说话的时间与聆听的时间相当。 (　　)

B. 聆听的时间会比说话的时间多。 (　　)

(2) 下列哪一种是你的一般生活取向？

A. 只管做吧。 (　　)

B. 找出多种不同选择。 (　　)

(3) 你喜欢自己的哪种性格？

A. 冷静而理性。 (　　)

B. 热情而体谅。 (　　)

(4) 你擅长

A. 专注在某一项工作上，直至把它完成为止。 (　　)

B. 在有需要时同时协调进行多项工作。 (　　)

(5) 你参与社交聚会时

A. 总是能认识新朋友。 (　　)

B. 只跟几个亲密挚友待在一起。 (　　)

(6) 当你尝试了解某些事情时，一般你会

A. 先要了解细节。 (　　)

B. 先了解整体情况，细节容后再谈。 (　　)

(7) 你对下列哪方面较感兴趣？

A. 知道别人的想法。 (　　)

B. 知道别人的感受。 (　　)

(8) 你较喜欢下列哪个工作？

A. 能让你定出目标，然后逐步达成目标的工作。 (　　)

B. 能让你迅速和即时做出反应。 (　　)

下列哪一种说法较适合你？

(9) A. 当我与友人尽兴后，我会感到精力充沛，并会继续追求这种欢娱。 (　　)

B. 当我与友人尽兴后，我会感到疲累，觉得需要一些空间。 (　　)

(10) A. 我较有兴趣知道别人的经历，例如他们做过什么？认识什么人？ (　　)

B. 我较有兴趣知道别人的计划和梦想，例如他们会往哪里去？憧憬什么？ (　　)

(11) A. 我擅长订出一些可行的计划。 (　　)

B. 我擅长促成别人同意一些计划，并通力合作。 (　　)

(12) A. 我尝试做任何事前，都想事先知道可能有什么事情发生。 (　　)

B. 我会突然尝试做某些事，看看会有什么事情发生。 (　　)

(13) A. 我经常边说话，边思考。 (　　)

B. 我在说话前，通常会思考要说的话。 (　　)

(14) A. 四周的实际环境对我很重要，而且会影响我的感受。 (　　)

B. 如果我喜欢所做的事情，气氛对我而言并不是那么重要。 (　　)

(15) A. 我喜欢分析，心思缜密。 (　　)

B. 我对人感兴趣，关心他们所发生的事。 (　　)

(16) A. 一旦订出计划，我便希望能依计行事。 (　　)

B. 即使已出计划，我也喜欢探讨其他新的方案。 (　　)

(17) A. 认识我的人，一般都知道什么对我来说是重要的。 (　　)

B. 除了我感觉亲近的人，我不会对人说出什么对我来说是重要的。 (　　)

(18) A. 如果我喜欢某种活动，我会经常进行这种活动。 (　　)

B. 我一旦熟悉某种活动后，便希望转而尝试其他新的活动。 (　　)

(19) A. 当我做决定的时候，我会更多地考虑正反两面的观点，并且会推理与质证。 (　　)

B. 当我做决定的时候，我会更多地了解其他人的想法，并希望能够达成共识。 (　　)

(20) A. 当我专注做某件事情时，不希望受到任何干扰。 (　　)

B. 当我专注做某件事情时，需要不时停下来休息。 (　　)

(21) A. 我独处太久，便会感到不安。 (　　)

B. 若没有足够的自处时间，我便会感到烦躁不安。 (　　)

(22) A. 我对一些没有实际用途的意念不感兴趣。 (　　)

B. 我喜欢意念本身，并享受想象意念的过程。 (　　)

(23) A. 当进行谈判时，我依靠自己的知识和技巧。 (　　)

B. 当进行谈判时，我会拉拢其他人至同一阵线。 (　　)

当你放假时，你多数会

(24) A. 为想做的事情订出时间表。 (　　)

B. 随遇而安，做当时想做的事。 (　　)

(25) A. 花多些时间与别人共度。 (　　)

B. 花多些时间自己阅读、散步或者做白日梦。 (　　)

(26) A. 返回你喜欢的地方度假。 (　　)

B. 选择前往一些你从未到达的地方。 (　　)

(27) A. 带着一些与工作或学校有关的事情。 ( )
B. 处理一些对你重要的人际关系。 ( )
(28) A. 想着假期过后要准备的事情。 ( )
B. 忘记平时发生的事情，专心享乐。 ( )
(29) A. 参观著名景点。 ( )
B. 花时间逛博物馆和一些较为幽静的地方。 ( )
(30) A. 在喜欢的餐厅用膳。 ( )
B. 尝试新的菜式。 ( )

下列哪个说法最能贴切形容你对自己的看法?
(31) A. 别人认为我会公正处事，并且尊重他人。 ( )
B. 别人相信在他们有需要时，我会在他们身边。 ( )
(32) A. 按照计划行事。 ( )
B. 随机应变。 ( )
(33) A. 坦率。 ( )
B. 深沉。 ( )
(34) A. 留意事实。 ( )
B. 注重事实。 ( )
(35) A. 知识广博。 ( )
B. 善解人意。 ( )
(36) A. 处事井井有条。 ( )
B. 容易适应转变。 ( )
(37) A. 爽朗。 ( )
B. 沉稳。 ( )
(38) A. 实事求是。 ( )
B. 富有想象力。 ( )
(39) A. 喜欢询问实情。 ( )
B. 喜欢探索感受。 ( )
(40) A. 着眼达成目标。 ( )
B. 不断接受新意见。 ( )
(41) A. 率直。 ( )
B. 内敛。 ( )
(42) A. 实事求是。 ( )
B. 具远大目光。 ( )
(43) A. 公正。 ( )
B. 宽容。 ( )

你会倾向

(44) A. 及时处理不愉快的事情，务求把它们抛诸脑后。 (　　)

B. 暂时放下不愉快的事情，直至有心情时才处理。 (　　)

(45) A. 自己的工作被欣赏，即使你自己并不满意。 (　　)

B. 创造一些有长远价值的东西，但不一定需要别人知道是你做的。 (　　)

(46) A. 在自己有兴趣的范畴，积累丰富的经验。 (　　)

B. 有各式各样不同的经验。 (　　)

哪一句较能表达你的看法？

(47) A. 感情用事的人较容易犯错。 (　　)

B. 逻辑思维会令人自以为是，因而容易犯错。 (　　)

(48) A. 三思而后行。 (　　)

B. 犹豫不决必失败。 (　　)

3. 分数汇总

请回过头去看一看你给每个问题所分配的分数。现在那些分数应该向下面所显示的那样加在一起：

测评分数表

	A	B		A	B		A	B		A	B
1			2			3			4		
5			6			7			8		
9			10			11			12		
13			14			15			16		
17			18			19			20		
21			22			23			24		
25			26			27			28		
29			30			31			32		
33			34			35			36		
37			38			39			40		
41			42			43			44		
45			46			47			48		
总得分											
	E	I		S	N		T	F		J	P

4. **测评解释**

以上八个偏好两两成对，也就是说，E 和 I、S 和 N、T 和 F、J 和 P 各自是一对组合。在每一对组合中，比较该组合中的偏好的得分孰高孰低，高的那个就是您的优势类型。如果同分的话，选择后面的那一组，即 I、N、F、P。对四对组合都作一比较后，您会得到一个由 4 个字母组成的优势类型，如 ENFP、ISTJ 等，把它写在下面的横线上。

问卷所揭示的优势类型是：

在 MBTI 性格类型测试问卷结果分析中有对四个纬度八种偏好的详细描述，认真地自我评估一下，究竟对哪种偏好的描述更接近你自己，然后把结果写在下面。

在 E 和 I 这个纬度上，我认为更接近我本性的 是：____________________

在 S 和 N 这个纬度上，我认为更接近我本性的是：____________________

在 T 和 F 这个纬度上，我认为更接近我本性的是：____________________

在 J 和 P 这个纬度上，我认为更接近我本性的是：____________________

自我评价所揭示的优势类型是：____________________

两者综合，我确定我的优势类型是：____________________

结果说明：____

每一种性格特征都有其价值和优点，也有缺点和需要注意的地方。清楚地了解自己的性格优劣势，有利于更好地发挥自己的特长，而尽可能地在为人处世中避免自己性格中的劣势，更好地和他人相处，更好地做重要的决策。清楚地了解他人（家人、同事等）的性格特征，有利于减少冲突，使家庭和睦，使团队合作更有效。总之，只要你是认真真实地填写了测试问卷，那么通常情况下你都能得到一个确实和你的性格相匹配的类型。希望你能从中或多或少地获得一些有益的信息。

5. **MBTI 性格特征及其适应的职业**

ENFJ 富有洞察的助人者

性格特点：

（1）热忱、易感应及负责任的——具能鼓励他人的领导风格。

（2）对别人所想或希求会表达真正关切且切实用心去处理。

（3）能怡然且技巧性地带领团体讨论或演示文稿提案。

（4）爱交际、受欢迎及富同情心。

（5）对称许及批评很在意。

（6）喜欢带引别人且能使别人或团体发挥潜能。

适合领域：培训、咨询、教育、新闻传播、公共关系、文化艺术

适合职业：人力资源培训主任、销售、沟通、团队培训员、职业指导顾问、心理咨询工作者、大学教师（人文学科类）、教育学、心理学研究人员等；记者、撰稿人、节目主持人（新闻、采访类）、公共关系专家、社会活动家、文艺工作者、平面设计师、画家、音乐家等。

ENFP 富有同情的探险者

性格特点：

（1）充满热忱、活力充沛、聪明的、富想象力的，视生命充满机会但期能得到他人肯定与支持。

（2）几乎能达成所有有兴趣的事。

（3）对难题很快就有对策并能对有困难的人施予援手。

（4）依赖能改善的能力而无须预做规划准备。

（5）为达目的常能找出强制自己为之的理由。

（6）即兴执行者。

适合领域：广告创意、广告撰稿人，市场营销和宣传策划、市场调研人员、艺术指导、公关专家、公司对外发言人等。

适合职业：儿童教育老师、大学老师（人文类）、心理学工作者、心理辅导和咨询人员、职业规划顾问、社会工作者、人力资源专家、培训师、演讲家等；记者（访谈类）、节目策划和主持人、专栏作家、剧作家、艺术指导、设计师、卡通制作者、电影、电视制片人等。

ENTJ 迅速的洞察者

性格特点：

（1）坦诚、具决策力的活动领导者。

（2）长于发展与实施广泛的系统以解决组织的问题。

（3）专精于具内涵与智能的谈话如对公众演讲。

（4）乐于经常吸收新知且能广开信息管道。

（5）易生过度自信，会强于表达自己创见。

（6）喜于长程策划及目标设定。

适合领域：工商业、政界、金融和投资领域，管理咨询、培训专业性领域

适合职业：各类企业的高级主管、总经理、企业主、社会团体负责人、政治家等；投资银行家、风险投资家、股票经纪人、公司财务经理、财务顾问、经济学家、企业管理顾问、企业战略顾问、项目顾问、专项培训师等；律师、法官、知识产权专家、大学教师、科技专家等。

ENTP 逻辑的探险家

性格特点：

（1）反应快、聪明、长于多样事务。

（2）具激励伙伴、敏捷及直言不讳专长。

（3）会为了有趣对问题的两面加以争辩。

（4）对解决新及挑战性的问题富有策略，但会轻忽或厌烦经常的任务与细节。

（5）兴趣多元，易倾向于转移至新生的兴趣。

（6）对所想要的会有技巧地找出逻辑的理由。

(7) 长于看清楚他人，有智能去解决新或有挑战的问题。

适合领域：投资顾问、项目策划、投资银行、自我创业市场营销、创造性领域，公共关系、政治

适合职业：投资顾问（房地产、金融、贸易、商业等）、各类项目的策划人和发起者、投资银行家、风险投资人、企业业主（新兴产业）等；市场营销人员、各类产品销售经理、广告创意、艺术总监、访谈类节目主持人、制片人等；公共关系专家、公司对外发言人、社团负责人、政治家等。

ESFJ 实际的助人者

性格特点：

(1) 诚挚、爱说话、合作性高、受欢迎、光明正大的天生的合作者及活跃的组织成员。

(2) 重和谐且长于创造和谐。

(3) 常做对他人有益事务。

(4) 给予鼓励及称许会有更佳工作成效。

(5) 最有兴趣于会直接及有形影响人们生活的事务。

(6) 喜欢与他人共事去精确且准时地完成工作。

适合领域：无明显领域特征

适合职业：办公室行政或管理人员、秘书、总经理助理、项目经理、客户服务部人员、采购和物流管理人员等；内科医生及其他各类医生、牙科医生、护士、健康护理指导师、饮食学、营养学专家、小学教师（班主任）、学校管理者等；银行、酒店、大型企业客户服务代表、客户经理、公共关系部主任、商场经理、餐饮业业主和管理人员等。

ESFP 富有同情的回应者

性格特点：

(1) 外向、和善、接受性、乐于分享喜乐与他人。

(2) 喜欢与他人一起行动且促成事件发生，在学习时亦然。

(3) 知晓事件未来的发展并会热烈参与。

(4) 最擅长人际相处能力及具备完备常识，很有弹性能立即适应他人与环境。

(5) 对生命、人、物质享受的热爱者。

适合领域：消费类商业、服务业领域、广告业、娱乐业领域、旅游业、社区服务等其他领域

适合职业：精品店、商场销售人员、娱乐、餐饮业客户经理、房地产销售人员、汽车销售人员、市场营销人员（消费类产品）等；广告企业中的设计师、创意人员、客户经理、时装设计和表演人员、摄影师、节目主持人、脱口秀演员等；旅游企业中的销售、服务人员、导游、社区工作人员、志愿工作者、公共关系专家、健身和运动教练、医护人员等。

ESTJ 迅速的实践者

性格特点：

（1）务实、真实、事实倾向，具企业或技术天分。

（2）不喜欢抽象理论；最喜欢学习可立即运用事理。

（3）喜好组织与管理活动且专注以最有效率方式行事以达至成效。

（4）具决断力、关注细节且很快做出决策——优秀行政者。

（5）会忽略他人感受。

（6）喜做领导者或企业主管。

适合领域：无明显领域特征

适合职业：大、中型外资企业员工、业务经理、中层经理（多分布在财务、营运、物流采购、销售管理、项目管理、工厂管理、人事行政部门）、职业经理人、各类中小型企业主管和业主。

ESTP 逻辑的回应者

性格特点：

（1）擅长现场实时解决问题——解决问题者。

（2）喜欢办事并乐于其中及过程。

（3）倾向于喜好技术事务及运动，交结同行和友人。

（4）具适应性、容忍度、务实性；投注心力于会很快具有成效的工作。

（5）不喜欢冗长概念的解释及理论。

（6）最专精于可操作、处理、分解或组合的真实事务。

适合领域：贸易、商业、某些特殊领域服务业、金融证券业、娱乐、体育、艺术领域

适合职业：各类贸易商、批发商、中间商、零售商、房地产经纪人、保险经济人、汽车销售人员、私家侦探、警察等；餐饮、娱乐及其他各类服务业的业主、主管、特许经营者、自由职业者等；股票经纪人、证券分析师、理财顾问、个人投资者等；娱乐节目主持人、体育节目评论、脱口秀、音乐、舞蹈表演者、健身教练、体育工作者等。

INFJ 富于同情心的幻想家

性格特点：

（1）因为坚忍、创意及必须达成的意图而能成功。

（2）会在工作中投注最大的努力。

（3）默默强力地、诚挚地及用心地关切他人。

（4）因坚守原则而受敬重。

（5）提出造福大众利益的明确远景而为人所尊敬与追随。

（6）追求创见、关系及物质财富的意义及关联。

（7）想了解什么能激励别人及对他人具洞察力。

（8）光明正大且坚信其价值观。

（9）有组织且果断地履行其愿景。

适合领域：咨询、教育、科研等领域，文化、艺术、设计等领域

适合职业：心理咨询工作者、心理诊疗师、职业指导顾问、大学教师（人文学科、艺术类）、心理学、教育学、社会学、哲学及其他领域的研究人员等；作家、诗人、剧作家、电影编剧、电影导演、画家、雕塑家、音乐家、艺术顾问、建筑师、设计师等。

INFP 富有洞察的促进者

性格特点：

（1）安静观察者，具理想性与对其价值观及重要之人具忠诚心。

（2）希望外在生活形态与内在价值观相吻合。

（3）具好奇心且很快能看出机会所在。常担负开发创意的触媒者。

（4）除非价值观受侵犯，行事会具弹性、适应力高且承受力强。

（5）具想了解及发展他人潜能的企图。想做太多且做事全神贯注。

（6）对所处境遇及拥有不太在意。

（7）具适应力、有弹性除非价值观受到威胁。

适合领域：创作性、艺术类，教育、研究、咨询类

适合职业：各类艺术家、插图画家、诗人、小说家、建筑师、设计师、文学编辑、艺术指导、记者等；大学老师（人文类）、心理学工作者、心理辅导和咨询人员、社科类研究人员、社会工作者、教育顾问、图书管理者、翻译家等。

INTJ 富有逻辑的幻想家

性格特点：

（1）具强大动力与本意来达成目的与创意——固执顽固者。

（2）有宏大的愿景且能快速在众多外界事件中找出有意义的模范。

（3）对所承负职务，具良好能力于策划工作并完成。

（4）具怀疑心、挑剔性、独立性、果决，对专业水准及绩效要求高。

适合领域：科研、科技应用、技术咨询、管理咨询、金融、投资领域、创造性行业

适合职业：各类科学家、研究所研究人员、设计工程师、系统分析员、计算机程序师、研究开发部经理等；各类技术顾问、技术专家、企业管理顾问、投资专家、法律顾问、医学专家、精神分析学家等；经济学家、投资银行研究员、证券投资和金融分析员、投资银行家、财务计划人、企业并购专家等；各类发明家、建筑师、社论作家、设计师、艺术家等。

INTP 富有洞察的分析师

性格特点：

（1）安静、自持、弹性及具适应力。

（2）特别喜爱追求理论与科学事理。

（3）习于以逻辑及分析来解决问题——问题解决者。

（4）最有兴趣于创意事务及特定工作，对聚会与闲聊无大兴趣。

（5）追求可发挥个人强烈兴趣的生涯。

(6) 追求发展对有兴趣事务之逻辑解释。

适合领域：计算机技术、理论研究、学术领域专业领域，创造性领域

适合职业：软件设计员、系统分析师、计算机程序员、数据库管理、故障排除专家等；大学教授、科研机构研究人员、数学家、物理学家、经济学家、考古学家、历史学家等；证券分析师、金融投资顾问、律师、法律顾问、财务专家、侦探等；各类发明家、作家、设计师、音乐家、艺术家、艺术鉴赏家等。

ISFJ 富有同情的同化者

性格特点：

(1) 安静、和善、负责任且有良心。

(2) 行事尽责投入。

(3) 安定性高，常居项目工作或团体之安定力量。

(4) 愿投入、吃苦及力求精确。

(5) 兴趣通常不在科技方面。对细节事务有耐心。

(6) 忠诚、考虑周到、知性且会关切他人感受。

(7) 致力于创构有序及和谐的工作与家庭环境。

适合领域：无明显领域特征，医护领域、消费类商业、服务业领域

适合职业：行政管理人员、总经理助理、秘书、人事管理者、项目经理、物流经理、律师助手等；外科医生及其他各类医生、家庭医生、牙科医生、护士、药剂师、医学专家、营养学专家、顾问等；零售店、精品店业主、大型商场、酒店管理人员、室内设计师等。

ISFP 讲求实用的促进者

性格特点：

(1) 羞怯的、安宁和善的、敏感的、亲切的且行事谦虚。

(2) 喜于避开争论，不对他人强加己见或价值观。

(3) 无意于领导却常是忠诚的追随者。

(4) 办事不急躁，安于现状无意于以过度的急切或努力破坏现况，且非成果导向。

(5) 喜欢有自有的空间及照自订的时程办事。

适合领域：手工艺、艺术领域、医护领域、商业、服务业领域

适合职业：时装、首饰设计师、装潢、园艺设计师、陶器、乐器、卡通、漫画制作者、素描画家、舞蹈演员、画家等；出诊医生、出诊护士、理疗师、牙科医生、个人健康和运动教练等；餐饮业、娱乐业业主、旅行社销售人员、体育用品、个人理疗用品销售员等。

ISTJ 富有逻辑的同化者

性格特点：

(1) 严肃、安静、借由集中心志与全力投入及可被信赖获致成功。

(2) 行事务实、有序、实际、逻辑、真实及可信赖。

(3) 十分留意且乐于任何事（工作、居家、生活）均有良好组织及有序。

（4）负责任。

（5）照设定成效来做出决策且不畏阻挠与闲言会坚定为之。

（6）重视传统与忠诚。

（7）传统性的思考者或经理。

适合领域：工商业领域、政府机构、金融银行业、政府机构技术领域、医务领域。

适合职业：审计师、会计、财务经理、办公室行政管理、后勤和供应管理、中层经理、公务（法律、税务）执行人员等；银行信贷员、成本估价师、保险精算师、税务经纪人、税务检查员等；机械、电气工程师、计算机程序员、数据库管理员、地质、气象学家、法律研究者、律师等；外科医生、药剂师、实验室技术人员、牙科医生、医学研究员等。

ISTP 实际的分析家

性格特点：

（1）冷静旁观者——安静、预留余地、弹性及会以无偏见的好奇心与未预期的原始的幽默观察与分析人生。

（2）有兴趣于探索原因及效果，技术事件是为何及如何运作且使用逻辑的原理组构事实、重视效能。

（3）擅长掌握问题核心及找出解决方式。

（4）分析成事的缘由且能实时由大量资料中找出实际问题的核心。

适合领域：技术领域证券、金融业贸易、商业领域、户外运动、艺术等领域

适合职业：机械、电气、电子工程师、各类技术专家和技师、计算机硬件、系统集成专业人员等；证券分析师、金融、财务顾问、经济学研究者等；贸易商、商品经销商、产品代理商（有形产品为主）等；警察、侦探、体育工作者、赛车手、飞行员、雕塑家、手工制作、画家等。

三、求职便笺——简历求职记录

单位名称：
预约面试日期：
应聘职位：
联系电话：
负责人姓名：
电子邮件：

单位名称：
预约面试日期：
应聘职位：
联系电话：
负责人姓名：
电子邮件：

单位名称：
预约面试日期：
应聘职位：
联系电话：
负责人姓名：
电子邮件：

单位名称：
预约面试日期：
应聘职位：
联系电话：
负责人姓名：
电子邮件：

单位名称：
预约面试日期：
应聘职位：
联系电话：
负责人姓名：
电子邮件：

单位名称：
预约面试日期：
应聘职位：
联系电话：
负责人姓名：
电子邮件：

单位名称：
预约面试日期：
应聘职位：
联系电话：
负责人姓名：
电子邮件：

单位名称：
预约面试日期：
应聘职位：
联系电话：
负责人姓名：
电子邮件：

参考文献

[1] 杜汇良、刘宏、薛徽．高校辅导员九项知能教程［M］．高等教育出版社，2009.

[2] 蒋建荣、刘月波．大学生职业发展与就业训练教程［M］．现代教育出版社，2009.

[3] 张进辅．青年职业心理发展与测评［M］．重庆大学出版社，2009.

[4] 黄敬宝．就业能力与大学生就业［M］．经济管理出版社，2008.

[5] 阚雅玲、吴强、胡伟．职业规划与成功素质训练［M］．机械工业出版社，2009.

[6]（美）洛克著，时勘、曾垂凯译．求职指导（第五版）［M］．中国轻工业出版社，2008.

[7] 迟永吉、欣荣．大学生职业生涯规划与发展［M］．高等教育出版社，2009.

[8] 王佩国．规划人生构筑未来［M］．高等教育出版社，2009.

[9] 史梅．大学生职业生涯规划与职业素质拓展［M］．高等教育出版社，2010.

[10] 张波．大学生职业发展与就业指导［M］．现代教育出版社，2010.

[11] 曲振国编著．大学生就业指导与职业生涯规划［M］．清华大学出版社，2008.

[12] 张德芬．遇见未知的自己［M］．华夏出版社，2008.

[13]（美）盖里·西茂等著，刘川，周冠英译．如何实现你的职业理想［M］．陕西师范大学出版社，2004.

[14] 吴文智，方雪梅．寻找人生的坐标［M］．宁波出版社，2012.

[15] 北京其欣然传播机构编著．直通未来——时尚职业全搜索［M］．东方出版社，2004.

[16]（美）提摩西·巴特勒（Timothy Butler），（美）詹姆士·沃德鲁普（James Waldroop）著，赵剑非译．哈佛职业生涯设计——哈佛职业生涯兴趣测验手册［M］．中国商业出版社，2004.

[17]（美）哈伯德著，陈书凯编译．你属于哪种人［M］．机械工业出版社，2003.

[18] 斯滕伯格（Sternberg，R，J）著，李锐等译．心理学：探索人类的心灵［M］．江苏教育出版社，2005.

[19] 雷恩·吉尔森，彭书淮译．选对池塘钓大鱼［M］．机械工业出版社，2010.

[20] 斯科特·普劳斯，施俊琦译．决策与判断［M］．人民邮电出版社，2004.

[21] 巴里·施瓦茨著．选择的悖论［M］．浙江人民出版社，2013.

[22] 钟谷兰、杨开．大学生职业生涯发展与规划［M］．华东师范大学出版社，2008.

[23] 余世维．管理者情商［M］．北京大学出版社，2006.

[24]（法）米歇尔·克莱．应该补上的一课——为所有 12 岁到 112 岁的人们开设的

情商课堂［M］．东方出版社，2006.

［25］（美）保罗·D．蒂戈尔，芭芭拉．巴伦．蒂戈尔．就业宝典——根据性格选职业［M］．中信出版社，2002.

［26］彭贤、马恩．大学生职业生涯规划活动教程［M］．北京交通大学出版社，2011.